带团队就这么容易

容 易 \ 著

全新升级
第2版

台海出版社

再版序言

一转眼，五年过去了，没想到，这本书依然长销，还会再版！

过去这五年，是移动互联网来势汹汹改变世界的五年，是微信从诞生到封王的五年。

五年来，总有人问我，你书中讲的内容对今天这个时代还有用吗？

借此再版的机会，我得以重新审视这本书。

有个互联网流行词叫“活久见”，回顾我二十年的商业经历，十多年的商业顾问生涯，确实见证了一轮又一轮的潮起潮落，而这足够长的时间，也让我观察到了时代更迭中的变化与不变。

时代在变，但人性不变！

形式在变，但内核不变！

这让我想起了金融界的经典谎言：“这次不一样。”每次金融风暴之前，每次股灾之前，都会有人说“这次不一样”，但最后泡沫破灭的时候，大家就会发现，没有什么不一样。历史的事实总是在重复，只是场景和细节略有不同。但遗憾的是，人们始终无法避免重蹈覆辙，为什么呢？因为背后是人性在影响，而人性，几千年来就从来没有变过！

团队组织的管理，面对的是人，解决的是人的问题，而背后，依然都是人性。这本书的核心基础，就是基于对人性的洞察与了解。当然，随着时代的进步，一些管理手段和工具会发生变化，因此再版时，我在书中增加了一些关于互联网环境下的管理趋势与建议，但是，团队管理的基本原理是不会变的。

基于此，我坚信，这本书，十年后依然有用！

我充满信心！

容　易

前言

有这样一个小故事：三位蚯蚓太太聚在一起旅游，旁边有人问道：“你们出来玩，你们的老公怎么办？一个人在家不会寂寞吗？”

甲太太：“我老公把自己切成两段，打乒乓球玩呢！”

乙太太：“我出来时我老公把自己切成四段，在打麻将呢！”

丙太太大惊失色，往家里狂奔，“刚才我老公说想踢足球……”

老板每天都在想一件事情：如果我们公司每个人都像我一样敬业多好呀！

管理干部每天都在渴望：如果我的手下有我这样的能力多好呀！哪怕有一半都好呀，可是这真是好难实现的愿望。

员工每天也在想：如果我有我们老板的本事就好了……

因为工作关系，笔者每天都和各类企业家及其管理层打交道，我发现了一个很有意思的现象：许多老板每天忙得团团转，带着两三部手机，我们在一起的时间，几乎有一半以上都在打电话处理各种事情。更有甚者，有一次春节我在三亚的沙滩上惬意地晒着温暖的阳光，准备享受这难得的悠闲，可是旁边有一个人，一看就是老板的样子，拿着两部手机不停地打，而且声音很大，旁若无人，周围几个老外用不解的眼神看着这位老兄，我们的耳朵就这样被“轰炸”了将近一个小时……最后我实在忍不住了，趁着他停下来的瞬间，对他说：“你干脆立刻买张机票回去吧！反正眼前的景色也难让你轻松！”这位老板无奈地看着我说：“我也烦死了，其实，听到手机铃响我比你还痛苦……”

也许很多领导已经对这样的生活习以为常了，“谁叫我们是领导呢？”甚至很多员工也这样认为：谁叫他们要当领导，薪水高就该多干活……许多老板每天的生活就像打仗一样，从睁眼忙到闭眼，尤其是经历过创业艰辛的人，早已经把忙碌当作是事业兴旺的象征。我问他们：“不累吗？不是请了人吗？为什么事无巨细都要亲自插手？”他们一般都这样回答：“我也不想这样，可是没办法，他们不懂，不熟练，我不放心，万一出问题怎么办？”

可怜天下老板心！

这时候我常常想起小时候看的电视剧《西游记》，当孙悟空在花果山带着一帮“员工”开始“创业”时，面对经过正规训练的“500 强企业”——玉皇大帝派出的天兵天将的大兵压境，他是怎么应付的？剧集中那些小猴子根本不是正规军的对手，危急时刻，孙悟空拔出汗毛，变出无数个孙悟空来与敌人对抗，才终于顶住了天兵天将的进攻。我想，恐怕每一个老板都恨不得变出成百上千个自己，放到各个岗位，绝对有战斗力，可惜，现实总是残酷的。

许多老板都在呼唤，怎样才能快速批量地培养人才，尤其是管理干部?

本书将从管理实际操作的角度教给您一套管理方案，让您能“像复印机一样快速复制人才，像流水线一样批量培养干部”。

容 易

目录

第一章
企业升级，管理是关键

第二章
团队管理的根基：领导力

目录

第三章

十二阶梯打造敬业团队

第四章

建立人才梯队，快速复制团队

第五章

伯乐识马，培养团队领导者

1 企业升级，管理是关键

经营企业的本质就是经营一个组织，经营组织的关键是经营人心。当管理变成一种模式的时候，就可以批量地培养管理人才。公司度过了创业期后，如何让自己从机遇型的创业家升级为职业化的经营家，培养出一支职业化的经理人队伍，让公司继续发展壮大，这是摆在中国所有企业家面前的巨大难题。

队伍壮大了，你有能力掌控吗

中国有将近1000万家中小企业，有3000万个体经营户，有近30年的企业发展史，2012年中国的GDP总量位列世界第二。但我们能参与国际竞争的企业却寥寥无几，能在国际上称雄的品牌屈指可数。除去垄断的大型国有企业，具备市场化竞争力的能进入世界500强的企业很少……

当同样经历过从无到有的经济发展过程的日本、韩国、中国台湾和中国香港地区都能孕育发展出一批世界级企业、国际化品牌的时候，我们不禁要问，为什么？

为什么我们有遍地小企业做基础却没有长出大企业？

为什么在我们全民经商、全民创业的热情之下却没能诞生伟大的企业？

为什么很多盛极一时的企业在经历了成长的爆发后却沦为平庸？

为什么我们有巨大的市场空间却不能催生出世界级规模的企业？

为什么我们有世界上溢价最高、最容易融资圈钱的股市却没有最强大的企业群体？

为什么我们有数量排世界第四的富豪群体却没有相应规模的优质企业群体？

为什么我们有最热衷于搞大企业的政府却还是没有搞出大批高质量的大企业？

……

这些都值得我们深思。

下一个30年，我们凭什么赢？

如果外部条件都具备了，却没有得到我们想要的结果，那么我们只能从内部寻求答案了，从根本上开始思考。

这种状况的出现与我们的企业家群体的特征有着密切关系。

一次，我作为特邀嘉宾出席一个大学的MBA毕业典礼，在与毕业生闲聊时，他们问了我一个令他们感到困惑的问题：“企业都在喊缺人才，可为什么现在的MBA身价却不高？他们为什么不能在企业发挥更大的作用？”

我笑了笑，反问他们：“你们毕业以后大部分在民营企业工作还是国有企业工作？”

答：“民营企业。”

“那你们的老板平均年龄一般多大？”

答：“40多岁。”

“那你们估计，这些老板大约还能工作多久？”

答：“20~30年。”

“对呀，现阶段中国还处于创业者在经营企业的时代，中国的职业化经理人要真正成为企业的经营者还需要一段漫长的路程。”

这就是现阶段中国企业遭遇成长瓶颈的真正内在因素。

我们不妨来对比下中外企业家的成长历程：以“世界第一经理人”、前GE（通用电气）的CEO杰克·韦尔奇为例，他在成为GE的CEO之前在GE工作了大约20多年的时间。最初他进GE的时候是一名工程师，只需要管理好自己就可以了；后来被提升为部门经理，管理十多人的小团队，开始学习管理技能；接着再提升，管理一百多人，又学习更大团队的管理技能；直到被提升为事业部总经理，管理全球化的业务和上万人的组织，又是一套大型组织的管理能力的学习……就这样，经过20多年的历练，当他终于有一天被任命为CEO的时候，管理对他来说已经是驾轻就熟、掌控自如了。

再看中国的创业企业家，大部分出自技术或销售人员，可能本身就没有学习过有效的管理技能。碰到好机遇开始创业，加上前几年市场发展快，“一不小心”就把公司发展壮大了，许多人之前就没有管理过太大的队伍，甚至从来都没有见过大型企业是如何高效运转和有效组织的，面对忽然间变大的队伍，很多老板“头都大了”。毕竟，管理几十个人和管理几百个人是完全不同的体验，队伍小，靠亲情维系，老板认识每个员工，都在眼皮底下，管理很容易；可队伍一旦壮大到几百人的时候，老板很难认识每一个员工，距离也远了，这个时候的管理往往有一种“隔山打牛”的感觉，需要的是系统化、制度化、规范化，而这些方面恰恰是很多创业企业家的短板。

一个在一家大型企业工作的亲戚对我说：“哥，我要创业！”

我问他：“你现在在企业里做什么职务？”

答：“区域经理。”

“管着多少人？”

答：“二十多人。”

“你还是好好工作，至少做到总监、副总以上再说吧。”

他不解：“为什么？”

我告诉他：“你现在创业，公司做到二三十人就到了你能力的边界；如果你做到总监以上，学会管理几百人上千人了，你创业的公司至少在拥有几百人时都在你可以掌控的范围。几十人的企业和几百人的企业根本就不是一个级别！”

机会固然好，但能力更重要。没有掌控和驾驭的能力，机会来了也很难把握得住，有了能力，自然会有机会找上门来。中国和西方不同，中国很多企业倒下恰恰是因为市场太好太大，导致发展过快，最后掌控不了而倒下了，如同揠苗助长。所以，成长比成功更重要，企业要做多大不是问题，问题是你有没有能力来掌控，否则会被自己的“体重”压死。

有一次，我招聘了一个部队退役的中校军官，团级干部。

当时招聘他的分支机构是一百多人的规模，整个集团是一千多人的规模，面试的时候我问的第一个问题："你打算应聘哪个岗位？"答："分公司总经理，说实话，其实我做你们集团的总经理都没有问题！"

我当时很吃惊，他口气很大，然而事实证明他确实也是一个人才，进来后一年时间就火箭般迅速成为整个集团的副总裁，后来有一次闲聊起来，我问他："你当初为什么这么大口气？"

他笑了笑："我在部队管理两千多号人，我就不信还搞不定你们这一千多人！"

确实，自信是因为有底气。

我和很多企业家分享这些观点，获得了他们的认同，管理好一个大型的组织，是企业家成长的关键。

别让自己成为企业的瓶颈

企业发展是有阶段性的，不同的阶段需要不同的经营能力。最早创业时期，白手起家，需要老板在前面冲锋陷阵，打出一片天下；当过了创业期，进入发展阶段，这个时候就需要职业化的经营者，在继承创业基础之上，不断优化管理，建立经营系统，注重人才梯队培养，建立可持续发展的企业系统，否则，企业终会是昙花一现。在这个过程中，需要我们的创业家完成身份和角色的转变，才能带领企业再上一个台阶，从小做大。创业和经营面对不同的任务，需要不同的特质。

创业者，解决“无中生有”的问题，凭借敏锐的市场直觉和灵感，加上机遇，再有一种“不怕死，大不了重来”的胆量，成则一战功成，败则卷土重来。所以，有时候创业就是一场“狩猎”，创业者像“猎人”。

经营者，解决“从小到大”和“持续经营”的问题，依靠系统规范的管理技能，加上管理的种种工具，基于科学和理性的分析决策，在扎根于现实的基础上寻求发展。所以，经营者更像“农民”，播种、施肥、收获。

人都有性格和习惯，这种身份和思维方式的转变是艰难的。人不可能总有好运气！所以创业者如果不懂得及时转型，结局堪忧。

许多中国红极一时的风云企业家最后倒下都是“盛极而衰”，倒在了他们曾经最成功的地方，他们总不停地“再来一把”“碰运气”，总以为自己有数不完的好运气。如：秦池、爱多、顺驰、德隆、三鹿……

所有失败的人都是抱着“再来一次、最后一把、翻本就收手”的想法越陷越深而无法自拔的，企业家需要警惕。

人类所有的游戏刚开始的时候都是业余玩家在玩，可是到最后都会变成职业高手的竞技。乒乓球、足球如此，电脑游戏也如此，逐步走向职业化，最后都是专业高手的天下。

其实经营企业又何尝不是这样呢？过去的30年，大部分企业家过得很舒服，不是他们厉害，而是对手很业余。可是，今天，经营企业越来越走向专业化，管理越来越走向专业化。公司度过了创业期后，如何让自己转变为职业化的经营者，培养出一批职业化的经理人队伍，让公司继续发展壮大是摆在今天中国所有企业家面前的巨大难题。怎么办？除了极少数有天分的人外，大部分企业家唯有依靠大量的学习才能提升自己，让自己从一个机遇型的创业家升级为职业化的经营家。

大浪淘沙，残酷的洗礼才刚刚开始……

未来的10年，将是很多产业大规模整合的10年，也是诞生一批大型行业领军企业的10年，亦是众多中小企业被淘汰的10年。2008年世界金融危机，拉开了中国产业结构调整的大幕。从外部看，外部需求的萎缩、人民币升值的压力，让低成本“中国制造”模式走到了尽头；从内部看，随着“民工二代”“独生子女代”走上工作岗位成为劳动主力军，他们的思想对比上一代有了巨大的转变，加上物价上涨等因素，构成了企业人力成本大幅度上涨的压力，同时“国民收入倍增计划”也是不可阻挡的趋势。

所以，我经常问企业家，假如你们企业的人力成本增加50%甚至100%，你们能承受吗？你们想过怎么办吗？

2010年，备受瞩目的“富士康员工连续跳楼”事件，只是“中国制造”困境的缩影，也是一个转折点，那就是过去30年，我们赖以成功的，靠大量的加班、严格的制度、高强度的工作来提升工人生产效率的路径已经走到尽头。何去何从，使整个中国企业界都感到了迷茫。

这样的迷茫，不止在中国发生，几乎每一个工业化国家都经历过这种阵痛。

世界管理学大师彼得·德鲁克曾经有过一个最著名的终极提问（他本人却一直没有回答自己提出的这个难题）：人类20世纪取得空前成就，全赖于体力劳动者的生产率提高50倍；而在21世纪要能继续发展，则是要取决于如何将知识工作者的生产率提高50倍。如果说工人采用“计件工资”模式还好管理的话，那么面对以脑力劳动为主的白领员工，我们又该如何去管理呢？如何才能让这些人真正地投入工作创造效益呢？

这一切，有赖于管理方式的升级，有赖于大量职业化的专业经营者来实现。从创业家向经营家转型，中国呼唤更多的“杰克·韦尔奇”来实现下一轮飞跃。

要么升级，要么淘汰，何去何从，各位企业家，您准备好了吗？

善用人性，让组织更具生命力

“各位，我们都说我们在经营企业，那请问企业的本质到底是什么？”

这是我经常在课堂上问企业家的问题：企业的本质到底是什么？如果连这个都没有弄清楚，何谈有效管理？生活中很多人都是稀里糊涂地做着很多事情，每天忙忙碌碌，却不知道在做什么。如果一个人连一件事情的本质都没有搞清楚，那么他纵然拥有诸多经验，也无法真正找到规律，实现能力的提升，就更不用谈不断进步了。

其实，会做一件事和做懂一件事是有很大区别的。有人虽然在一个岗位上工作了 20 年，称得上经验丰富，但其实不过是把第一年再重复 19 遍而已。

经营企业也是一项高难度、高挑战性的工作，我们要洞穿事物的本质才能找准规律，从容应对。管理有问题，企业不停出问题是正常现象，只有掌握本质才能临危不乱，有效解决。就像普通人一旦身体不舒服，就会恐慌、焦虑，病急乱投医，而对医生来说，他知道一切病痛的根源和人体运行的规律有关，自然不会慌乱。面对层出不穷的问题、千奇百怪的现象、错综复杂的局面，管理者只有掌握本质，才能洞悉真相，剥丝抽茧，有效解决问题。

不管是老板还是经理人，都在经营企业，经营企业首先要搞清楚企业的本质。

实际上，企业的本质就是一个组织。

什么叫组织？简单地说，一群人为了一个共同的目标凑在一起就构成一个组织。军队是一个组织，政府是一个组织，政党是一个组织，宗教是一个组织，企业也是一个组织，所以管理企业本质上是在管理一个组织，只不过每一个组织的目标任务不一样而已。比如军队的任务是什么？打仗。那企业的任务是什么？创造价值、获取利润、赚钱。企业不管从属于什么行业，归根结底都是一个组织，是由一群人构成的，而经营一个企业其实本质上就是在经营一个组织。

事实上，对一个企业或者组织而言，产品是可以换的，战略是会变的，甚至愿景、使命都可以调整。大家看企业的发展历史就很清楚了，比如：格兰仕最早是做什么的？做羽绒服的，现在却做起了微波炉；诺基亚以前是造纸的，现在却做起了手机；GE以前是做电灯泡的，现在却做起了航空发动机。所以产品会变，战略也会变，甚至愿景、使命也会变。

所以大家不难发现，企业的战略、产品等可能都会随着市场的变化而变化。但是作为一个组织，只要组织里的这一群人有坚定的目标和信念，全力以赴地去投入奋斗，那么它一定会取得最终的成功。

世界上很多组织经历了数百年的历史发展，经历了无数代领导人的更替，经历了不同形态的社会变革与动荡，经历了不断的战略调整以适应环境，但依然长存并焕发着巨大的生命力，难道不值得我们的企业家去借鉴吗？

请不要再以行业、产品特殊作为借口！请用经营组织的眼光去看待企业管理。企业是一群人做出来的，行业、产品只是载体、形式和工具，人和组织才是管理的焦点。如何吸纳人才、使用人才、培养人才；如何发挥每个人的优势；如何凝聚人、团结队伍；如何充分调动每个人的积极性，让每一个人都能够全身心地投入工作；如何实现组织的优胜劣汰、新陈代谢；如何提拔领导人才，实现组织的有序更替……这些才是企业的经营者应该思考的。

经营企业本质上是在经营一个组织。

而经营组织的关键是经营人心。

自古以来，得人心者得天下。管理一个组织，其实最重要的就是学会如何有效地管理人心。了解人、认识人，你将无所不能。只有让员工发自内心地热爱工作，他才能将全部的聪明才智发挥出来，当一个人心不在焉时，即使他有经天纬地之才，也创造不出成绩，对组织来说，也就没有任何价值和意义。

真正的激励，一定是走进员工内心的；

真正的感动，一定是发自员工内心的；

真正的沟通，一定是直达员工内心的；

真正的管理，一定是从心开始的……

在人心的背后，是对人性的透彻了解。人性的善与恶，争论了几千年，还是没答案，但我们都清楚，人性是善与恶的结合体，每一个管理者都需要对人性有深刻的理解。同时，人性是很难改变的，自从有人类以来，人性的特质一直没有什么明显改变，历史上一些企图改造人性的努力也基本以失败告终。

人都有人性，人性不可改变，人性善恶皆有，失败者违背人性，空想者试图改变人性，失意者只会抱怨人性，智慧者懂得善用人性。

古时候，有一个农夫被官府无端关进了监狱，春耕的时候妻子来信："怎么办呀？我一个人没有力气犁地，如果不及时犁地就不能播种，到秋天就没有收成！"

丈夫看后回信："别担心，我们家的田里埋有我祖传的金元宝，等我出来后我们不会饿死的，放心吧。"

过了几天，妻子又来了一封信："好奇怪，昨天来了一群衙役，在我们家的田里刨地三尺，全部翻了个遍。"

丈夫回信："现在你可以播种了！"

由此可以看出，管理者要多去了解人性，学会善用人性，当一个人把人性了解透彻了，管理起人来就会运用自如了。当然，这是一个逐步积累经验的过程，也是一个管理者逐步走向成熟的过程。人性了解透彻了，对世间发生的很多事情就能看得懂、看得透、看得开，会少了许多的抱怨，多一分宽容和接纳，高一层格局和胸怀。经营者如何提升对人性的了解呢？

过去中国学习苏联的教育体制，带来一个很严重的后果就是人文教育的缺失。"学好数理化，走遍天下都不怕"，这种纯工科化的教育思维导致我们培养了很多"高分低能"的学生。很多人智商很高，但情商很低，在与人合作、沟通等方面存在巨大的障碍，因而现代企业界普遍存在管理者缺乏领导力的现象。

戴尔·卡耐基认为：一个人的成功，15%靠专业技能，85%取决于人际关系。尤其在今天这样一个强调团队合作的时代，缺乏对人的感受、理解、同理心，会成为人际沟通合作的障碍，甚至会变成事业发展的拦路石。现今社会的文化导向过于强调自我，天天喊"我的地盘我做主！""真我个性！""只要我喜欢，没什么不可以！"……导致很多年轻人沉迷于自我的世界，缺乏社群融入能力，轻则事业中不能提升，重则导致一系列的心理危机，因此请每一个有志于走向管理岗位的人警惕。

提升人文素养，加强对人性的体察，是当今中国企业经营者迫切的需要。而比较有效的提升途径就是加强对经典文学作品的阅读，因为这些经典作品之所以打动人，是因其里面包含了深刻的人性进而能引起共鸣；同时多学习一些历史，读历史其实就是读人物，从历史中看到人性；还有就是可以学习哲学，建立正确的价值观，提升决策能力；最后就是多关注社会民情，了解当下的社会动态。这些都有助于提升管理者的素养，越到高层管理这些基本功的作用就越明显，差距也就在这些地方体现出来，就像打地基一样，一开始看不出差别，楼层越往上盖，地基深度的差别就越能体现。

世事洞明皆学问，人情练达即文章。

优势管理模式让企业迅速壮大

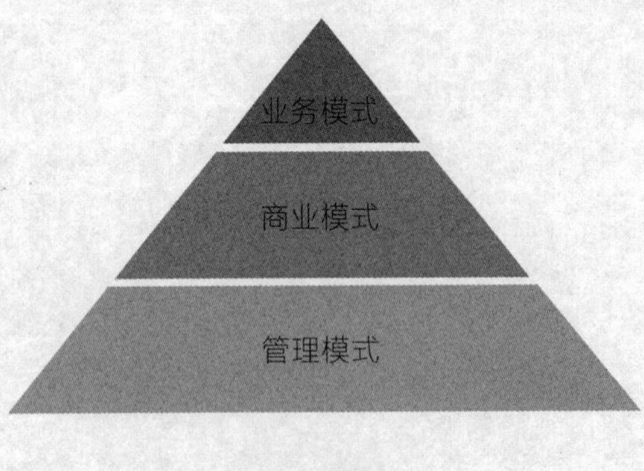

优势管理模式图

在本节中，我们主要介绍的是“优势管理模式”。一个企业基本上有三个基础模式：

一、业务模式。

二、商业模式。

三、管理模式。

业务模式：迅速复制销售人才

业务模式其实很简单，就是你们公司产品是怎么卖出去的，也就是基本的业务流程。它决定了企业与顾客之间的关系，如果更具体一点地说，你的企业产品是怎么卖给顾客的，这是企业的销售模式，每一个成熟的企业都有自己的业务模式。如果你的业务模式不成熟，你就没有办法去复制你的营销队伍。

通常创业的时候公司都有一个共同特点：老板销售能力比较强，公司的业务大部分都是老板自己做出来的。但是随着公司逐步发展壮大，如果始终是老板自己冲锋在前，始终是老板自己在一线做业务，这个公司是不可能做大的，基本上能做到两三千万的市值就到顶了，很难有突破。

如果想把企业做大，接下来就要学会一件事情，就是把业务能力复制到员工身上。而这个过程首先要有一个前提，那就是要在销售上形成模式、形成系统。

在这里我们以保险行业为例，因为保险行业是最典型的。我们都知道，保险公司的产品是很难销售的，应该说比任何其他产品都难销售，因为这个东西看不见、摸不着，所以，它的销售难度比较大。

在这里，我们不妨来总结一下保险公司的主要特点：

第一，销售人员很多。

第二，销售人员背景差异很大，几乎没有几个是科班出身，因为门槛比较低，对学历没有太高的要求，所以既有刚毕业的大学生，也有一些是从农村出来还找不到工作的人。

此外，也有一些在这个社会上已经有阅历，做了一段时间，有成熟经验的人，更有一些年纪很大的，退休了，又跑回来做业务的人。

保险行业人员参差不齐，背景差异巨大，而且数量庞大，可是，就是这样一个队伍居然能够把保险公司做起来，还能拥有非常好的业绩。那么，为什么他们这些不同背景的人能够在保险公司快速地成为销售高手呢？为什么他们会有那么好的业绩呢？

保险公司靠的就是模式。保险公司有一套流程系统。不管你是什么背景、什么学历、什么人，只要进来，一定要按这个模式来训练，经过它的一周入门强化训练之后，不管员工原来水平怎么样，现在至少都不会太差。

所以我们说这叫模式，有模式才可以复制，只有这样你的销售队伍才能够做大。

经常有些老板认为自己的产品太特殊，不好销售。但有哪一种产品要比保险难卖？这样一个东西都能卖得很好，靠的就是模式化。

商业模式：让产业链转动起来

什么叫商业模式？大家讲法很多。商业模式实际上很简单，就是对利益的一个分配过程。跟你合作的上下游，产业链各个环节，他们的利益是如何分配的呢？分配好了，你的链条就能转起来；分配不好，链条就转不起来。

有一家公司是给石油企业供应设备的，一套设备售价5万多。他们是国内第一家做这类产品的公司，国外的产品比它贵3倍。但是，经过一年的研发，一年的投入市场，营销费用以及其他费用花了300多万，到现在一分钱没有收回来。这款产品本身相当好，又节能、又环保，唯一的问题就是卖不出去。

当这家公司的老板和我谈到这个问题的时候，我问他最初开始做的时候是怎么想的？他原来的想法是：既然新产品进入市场，那就要打开市场，有一句话叫作薄利多销，国外的产品都很贵，那我就卖便宜点儿，以价格取胜，别人卖18万一套，我只卖5万，别人是暴利，我只要10%的利润。

我听完后对他说，你要想清楚，从商业模式的利益链条分配角度来看，薄利多销不一定适合新兴的行业和新兴的产品。你搞薄利多销出发点很好，似乎客户受益了，可跟你玩这个商业游戏的客户的采购人员、业务员、公司股东、经销商、政府等各方面的利益需求，在你这方面体现不出来。

首先，你产品定价很低、利润很薄。所以你的销售人员不能获取很大的利益，没有什么太大好处，所以他们的动力不足。这不是一个成熟产品，新产品本来销售难度很大，又没有品牌，而你的利润空间偏偏又很小，这样你留给营销人员的获利空间就太小，同样你的经销商等下游的合作伙伴的利润空间也太小。

其次，你的销售对象是国有企业，这样大型的国有企业，特别是石油企业，他们本身并不缺钱，而更注重产品质量，对价格并不敏感。同时，对于企业的采购人员也就是你的直接销售对象来说，他们宁可买贵点，也要买名牌，这样出问题他们就没有责任，如果因为买了你们的产品而经常出问题被内部投诉，他们就要承担责任了，所以对他们来说价格无所谓，关键是不能有麻烦，而这么低的价格，以后你的服务费用怎么保障？再收费客户肯定感觉不好，不收费你们又没有利润来支持。

最后，因为你把空间压得太低，也就没有同行愿意跟进来，因为你已经把价格放没了。这个行业从一开始，利润就已经没有了，那别人还进去干吗？当然不进来。一个行业如果只有一家在做，那么永远难以做大。因为没有大家一起进来炒，这个产业就炒不起来，就成不了潮流，那这个产业就没有影响力，成不了主流产业，这类产品就不是主流产品。

这位老板一开始在商业模式设计上已经有问题了，他的想法和出发点是很好的，想薄利多销，但是他没有想清楚，在一个新兴产品、新兴行业里面，为什么大家都愿意投入新行业？就是因为新行业、新产品利润高，有利润，才能吸引一批人进来，大家一起把产业做大，才能够转化成规模效应，它有一个产业培育发展过程。中国很多新产业的经营者都是因为没有明白这个道理而使新产业"未老先衰"。

最典型的产业之一是汽车GPS导航仪。这个产业现在还没有开始成熟就已经被搞死了。本来一个高科技产品是可以卖高价，获取高利润并逐步普及的，加上中国汽车产业巨大的发展空间，GPS导航产业应该可以做成一个大产业的，可是还没有普及起来，所有的进入者就迫不及待地发动价格战，想抢占市场空间，结果这个产业现在很尴尬，还没有做起来就已经没有利润了，这就是商业模式设置的问题，值得每个企业去考虑。

做企业也是一样的，你进哪个行业最重要的就是做这个行业到最后有没有利益结果出来。商业模式的本质是产业链利益分配问题。没有解决利益驱动问题，任何美好的愿望全是空谈。

比如说，现在提倡环保，人人都说要环保、要低碳，但如果现在要大家都不用空调、不开汽车会怎么样？大家肯定是受不了的，所以这才是真实的需求。为什么电动汽车不能普及？为什么大家不愿意骑自行车上班？为什么天然气汽车尾气零排放就是普及不了？因为汽油车使用成本低又方便，对老百姓来说，低碳环保是一个遥远的话题，而生活享受是一个现在的迫切需求，理想与现实的差距背后需要更多的智慧来解决。

管理模式：大量培养管理干部

管理模式是一个组织的管理行为系统，过去很少有人关注，像冰山下面的一角，在企业类书籍上没有记载，任何一家公司文件里也很难找到这个词。

但是，管理模式其实又无处不在，因为这是所有管理人员的行为过程。

每个公司都有自己的一套管理模式，每个成员只要身处其中都会有感受体会，但这个很少会变成书面文字来记录描述。每一个团队、每一个企业、每一个组织都有自己的管理模式。

宗教组织有各自的管理模式，政府也有，军队也有。军队是很典型的，假如你把广州军区部队的连长调到北京军区当连长，这个连长肯定能很快适应新的环境。但假如你把美国西点军校毕业生、美国陆军部队的上尉连长调到咱们北京军区，也去当个连长，结果会怎么样？应该会出现一系列的问题，很难融入，也很难开展工作。难道西点军校毕业生不是优秀人才吗？

对这些问题进行深层思考后，我们就不难发现，其实这里面不是人才的问题，而是管理模式的问题。为什么在企业界空降兵失败率很高？就是这个原因。

所以，越是成熟优秀的企业，往往越喜欢招一张白纸一样的员工，因为这样的人具有可塑性，好入模型。比如你要打一口铁锅，是拿一张新钢板打方便还是用另一个形状的铁锅改造方便？答案是显而易见的。

一个成熟企业一定有自己的一套管理模式。比如在部队里面，一个连长调动了，提拔一个排长当连长，那这个排长适应起新的岗位肯定会很容易，因为他当排长的时候天天看连长怎么做，让他当连长的时候，他就如法炮制，至少不会太差。

部队的管理都是很标准的，比如早上六点半起床，起床后跑步几公里，跑回来吃早饭；吃完早餐，早上训练，训练什么内容、多少训练量都是固定的；

训练完之后吃午饭，吃完午饭午休，午休完了又是下午训练，训练完了又吃晚饭，吃完晚饭不是看电影就是文艺演出，要不就是搞思想工作。

当过兵的人都会有一个共同的认识：新兵进来三个月训练什么内容全国都是一样的，全国士兵的口令、动作都是一样的，左转、右转、齐步走动作都是一致的。新兵进连队，连队有欢迎仪式，班长要开班务会等等……它的管理套路都是一样的，对士兵来说，你换一个连长差别大不大？不会太大。因为谁当连长都是一样的，都是同样的日常管理流程和动作。这就是模式化的威力。当你的管理变成一种模式的时候，你就可以大量地培养管理人员了。

总结一下，业务模式固化可以让你快速地复制销售人员，商业模式固化可以让你连锁复制扩张，管理模式固化才能让你大量地培养管理干部。

2 团队管理的根基：领导力

一个好的管理者能够发挥员工的优势，给他的员工相应的、匹配的环境，同时能够做催化剂，促使员工发挥出自身的价值。要使管理技能产生效果，关键的钥匙是自我管理。

业绩，源于敬业

管理的目的是什么？

管理者的任务是什么？

管理者的评价标准是什么？

这是我在课堂上经常追问学员的三个问题，这三个问题常常把许多从事多年经营管理的人都问得头脑一片空白，那么请问各位读者，你的答案是什么？

通常一开始大家的答案都是脱口而出的：

“创造业绩”——业绩最高的经理就是最好的经理吗？新市场的经理不如

老市场的经理？

“赚钱”——自己炒房子赚钱更快，何必做管理？

“让员工服从指挥”——员工像机器人一样听话就是最好的吗？

“完成任务”——有些部门业绩几乎就是经理自己一个人完成的，他是好经理吗？

……

几轮对话下来，大家都陷入了沉思，是啊，这些显而易见的答案似乎是正确的，但追问之下又似乎都不对……

假如有甲、乙两位区域销售经理，部门业绩都差不多，甲经理是一个业务高手，一个人完成整个部门一半以上业绩，工作非常勤奋，经常冲锋陷阵，部门业绩一般前半月都很少，到月底冲刺的时候，他一出手就能把业绩拉升上去；乙经理的部门业绩总是稳定推进，没有意外也没有惊喜，自己的个人业绩只占总业绩的20%，工作节奏稳定，很少听说需要加班加点。请问：谁才是优秀的管理者呢？

也许有些人觉得乙才是优秀的管理者，可是在现实中通常甲更受领导的关注。

业绩的源泉来自哪里？

来自一线的员工！

所有的成果都是员工做出来的，同样的产品，不同的人来卖结果一样还是不一样？同样的服务，不同的人来做客户的满意度是否都一样？同样的工作流程，不同的人做效率是否一样？同样的工作岗位，不同的人做品质是否一样？影响企业经营结果的关键因素到底是什么？

衡量一个企业健康与否的最佳指标是什么呢？销售额的增长？利润？市场份额？客户满意度？还是经营效率？

这些都不是，应该是“员工敬业度”。

美国盖洛普公司在经过持续25年时间，对全球100万人进行调查研究后惊讶地发现，企业的业绩结果是由“忠实的客户”带来的，而“忠实的客户”是由“敬业的员工”带来的，由此得出了卓越企业的成功路径图：

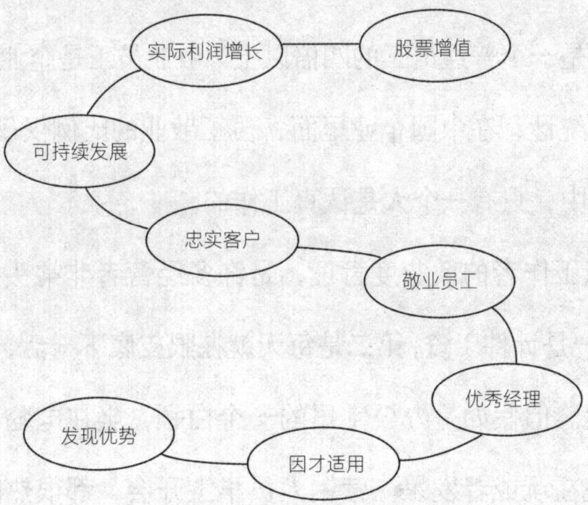

卓越企业的成功路径图

通用电气前CEO杰克·韦尔奇曾经说过：“敬业是一种能力，更是一种精神，每一家想靠竞争取胜的公司必须设法使每个员工敬业！”

盖洛普公司在测评中发现，员工敬业度得分排在前 20% 的公司和排在后 20% 的公司的业绩对比效果是：顾客的忠诚度提高 56%、销售效率提高 38%、利润率提高 27%、员工的流动率减少 48%，敬业员工比不敬业员工为公司贡献的价值高出四倍。因此，员工的敬业度，对企业的发展是至关重要的。

一般来说，员工的工作有三种状态，一种是用手工作，一种是用脑工作，一种是用心工作。第一种用手工作的人得过且过，想方设法偷懒、混日子；第二种用脑工作的人会找比较方便有效的办法，按部就班完成任务，推一下动一下；最厉害的是第三种用心工作的人，他会充满热情，全身心投入工作，用心地去服务客户，把工作当成自己的事业去奋斗。

只有敬业的员工，才能创造更高的效益和价值。一个敬业的员工，他为企业创造的价值是一个普通员工的四倍以上。敬业员工是企业最宝贵的资产。可是很遗憾，据统计，在中国企业里面，员工敬业的比例仅仅只有 9%。换句话说，十个人当中，只有一个人是认真工作的。

尤其是知识工作者的敬业度管理，是许多经营者非常头痛的难题。生产线工人好办，第一是计件工资，第二是每天就在眼皮底下干活，干多少、干得快、干得慢一目了然。但假如是办公室里的一个白领，坐在电脑前面，你怎么知道他在上班还是在玩或者发呆。营销人员早上开会，都很热闹，开完会不到 20 分钟就全部走出去，就像一把盐撒到水里面一下子就不见了，他们在外面干什么，他们去见客户还是喝咖啡，在路上逛街还是去拜访客户？谁知道呢？很多企业虽然人很多，但是并没有把人的力量发挥出来。有人说一个中国人是一条龙，三个中国人就每个都是一条虫。一个和尚挑水喝，三个和尚没水喝，所以人多也未必能够成功。

最关键的是，作为一个经营者，我们如何有效地激发团队的能力？这是企业家从创业的第一天开始就要持续不断思考的一个问题，是管理者从踏上岗位开始就不断面对的问题。如何让每一个员工热爱他的岗位，百分之百全身心地投入他的工作，真正实现“敬业工作”，是每个管理者都要思考的问题。

敬业精神也是当下中国企业界中普遍缺失的一种精神文化。在日资企业，有人抗议说中国工人工资太低，日方管理人就说了，为什么中国工人工资很低？不是因为我想给低工资，而是你们工作效率太差。在日本的工厂，一个员工的生产能力是中国员工的20倍，所以这种差距不是1倍、2倍，而是10倍、20倍。

中国企业呼唤一大批敬业的员工，管理者进行管理工作的目的就是让员工敬业工作，带出一支敬业的团队，这就是管理者的职责。假如每个员工都能敬业工作，还需要管理人员吗？

员工敬业与否的最核心判断标准取决于他为企业创造的价值。

爱迪生发明电灯泡做了多少次试验？2000多次。在他2000多次试验的过程中，试验到1999次的时候，有没有结果？没有结果。那有没有价值？对社会来说他做了1999次试验没有任何价值，只要不出结果就永远都不会有价值。所以敬业员工要以结果导向来评估而不仅仅是勤奋工作、态度好就叫敬业。

企业里面是只讲功劳不讲苦劳的，如果迟迟没有达到企业的要求，要么他没有找到有效的方法，要么他努力得不够。付出并不一定马上会有结果，但是你想要结果就一定要付出，而且要持续地付出。从长远来看，你的持续付出一定会拿到结果。电影《阿凡达》从构思到拍摄用了14年，《十月围城》用了10年，成果都是熬出来的！

在企业里面，最敬业的人是谁？是老板！

为什么企业家能够取得巨大的成就？因为大部分当老板的人，在原来为他人工作的时候就是最敬业的员工，敬业是人生中最有价值的一种习惯。一个人要想成为一个管理者、一个优秀企业家，就要学会敬业，而敬业要从管理者自己开始！

敬业来自哪里？

影响一个人敬业工作的最大因素是什么？

是什么在影响和激励员工努力地工作？

答案五花八门：

“薪酬”。（假设：如果你把全体员工的薪酬全部上涨一倍，请问他们的工作表现和过去会有多大的差别呢？）

“愿景”。（同样的企业愿景为什么不同的人工作表现不一样？）

“企业文化”。（同样的企业文化为什么不同的人工作积极性不一样？）

“个人价值的实现”。（要离开的员工经常是你最重视的那个人。）

“激励政策”。（如果你把员工的奖金调高一倍，请问他们的工作成果会有多大的差别？）

“感情”。（充满温情的团队是否是企业中最有战斗力的团队？）

“使命”。（企业的使命是不变的，当初员工因为认同这个使命而加入，为什么最后还是离开？）

“兴趣”。（他对这个岗位有兴趣，但不愿意在你的企业干而换一个企业干同样的岗位？）

……

每一个答案似乎都有道理，但反推一下好像又似是而非。

千万别跟我说，是“综合原因”，那等于说“我也不知道”。任何事物肯定是由多种原因作用的结果，但一定会有主次关系，主要矛盾和次要矛盾，智慧的管理者要学会抓最关键的突破点，其他问题自然就会迎刃而解。

我要特别提一下关于“金钱”的激励话题。因为绝大部分人都会认为“钱”是最重要的动力因素，所以很多干部在企业里一谈到激励必谈“钱”，似乎没有钱就不能激发员工的积极性了。

曾有人做过一项统计：从2008年中国A股上市公司的经营绩效与其CEO的薪酬之间的对比关系中意外发现，公司的经营绩效与CEO所获得的薪酬之间竟然没有任何的关联和相关比例关系。

这真是一个巨大的讽刺。不但中国如此，美国也一样。这个和我们常规认识的所谓“高管激励”的理念有巨大的落差。

薪酬是员工创造价值后所获得的报酬，但却不是员工保持积极性的最关键的动力因素。比如，姚明打篮球打得好跟薪酬有必然关系吗？假如现在给你同样的薪酬你能打出姚明的水平吗？中国男足的收入与他们的水平和他们的贡献成正比吗？郎朗弹钢琴的水准和收入有关系吗？

同样，在公司里面，有没有一些员工拿了高薪，但却身在曹营心在汉，出工不出力？有没有一些员工虽然薪资低，是一个基层员工，但是他积极投入，认真工作？甚至同一个员工，有时候会很积极投入，有时候却消极怠工？

所以，一个员工的工作表现、敬业度与金钱之间并没有必然的联系！

而且，更可怕的是，一味地金钱激励，只会让员工对工作本身失去兴趣，他觉得自己就是为了钱而工作，就不能从工作本身当中得到意义和乐趣。一个人为什么能投入工作？因为工作本身就是最大的回报，工作本身对他而言就是最大的快乐。他喜欢工作，他不愿意下班，他 24 小时都在工作，即使不在办公室，他都在用心，在全身心地投入。如果用大量的金钱来刺激他，只会让他对工作本身失去兴趣，那岂不是更大的损失？

我发现一些管理者所谓的管理其实就只有两招，第一金钱诱惑，第二制度威胁。基本上就是胡萝卜加大棒。经常威胁员工：你不好好干炒你鱿鱼。事实上威胁真的有用吗？古人早就讲明白了，民不畏死奈何以死惧之？要不就是用金钱来贿赂员工：干好了我给你多少奖励等等。结果时间一长员工就会与你讨价还价："这个事很难，起码奖金要多少多少"或者"经理，没有奖金干不了呀"。

如果一个管理者只会用制度威胁员工，那是管理的无能；如果一个管理者只会用金钱贿赂员工，这是管理的无奈。

"胡萝卜加大棒"这种简单粗暴的管理方式已经不能适应新时代的管理要求了。

是什么影响了你的敬业

敬业工作最直接的影响来自哪里？

状态——生理状态和心理情绪。

搞清楚这个问题，你对于组织的管理必将一通百通，必将抓住关键。

人是理性的还是感性的？大部分人都是感性的。如果所有人都是理性的话，那我们早就不需要管理了。你给他把账算清，你做了多少，会有多少回报，做了什么事情，会有什么结果，那还要什么管理？正因为人是感性的，所以我们才需要去管理。举个简单例子，有时候两夫妻吵架，吵到凶的时候，把电视、家具全部都摔了，摔完以后，两个人冷静下来，又开始后悔，啊呀，怎么当时能摔电视呢？怎么当时能摔冰箱呢？把这些都摔坏了，损失多大啊？可是在他情绪不好的那一刻，他就偏偏做了这样的事情。

一个人的工作成果与他在工作时刻的状态有直接密切的关系。哪怕他具备这样的能力，但不投入工作，也称不上敬业员工，一样不能创造绩效。所以一个员工敬业与否，最重要的关键因素是什么？是他在当下工作中的状态和情绪。

所有优秀的组织管理者都非常关注下属的状态。

比如说部队要取胜，第一个核心就是士气。因此他们不停地训练士气，三军可夺帅不可夺志。所有的体育教练最重要的任务之一就是对运动员的状态进行调节，让他在上场比赛的时候能保持最佳的状态。

所以，我们管理者也是一样的，你需要让你的员工在工作当中保持最佳的工作状态。当员工处于积极快乐的工作状态时，他们就会充满激情，工作会超水平发挥，会有无穷的创造力，会有最高的工作效率，会取得让你吃惊的结果，会打破过去的记录……伟大的人生来自于伟大的状态！

伟大的领袖都是充满力量、激情，积极乐观去影响身边的人！那么状态又是受什么的影响呢？氛围，或者叫环境。

人是环境的产物！

不同的人在不同的环境里，带来的结果是完全不一样的，这都是受环境的影响。

十几年前我刚刚从大学毕业，我和两个同班好友一起去闯广州，

三个人分别进了三种不同的企业。我进的是美资企业，一个同学进的是日资企业，另一个同学进入了大型国有企业。

我刚进公司什么都不懂，我当时想我既然是新人，就要好好表现，虽然没有经验，至少要勤快一点，于是我就主动加班，从第一天开始就连续加了两个晚上，第三天我们总监就来找我了："我听说你连续两个晚上都加班？"我当时一听心里可高兴了，觉得这么快就有效果了。结果总监跟我说了一段话："我们认为，如果一个人经常加班的话，有可能是两个原因：这个岗位可能工作量太大，你一个人做不完。但是这个岗位以前曾经很多人做过，没有这方面的反映，所以我认为这个岗位的工作量还是合理的，因此我觉得只能是第二个原因，就是你可能能力还不够，你是否需要我们给你培训或者调整岗位？"我当时听完吓出一身冷汗。这就是他们的观点，由此我知道在他们眼里经常加班不是一件值得鼓励的事情。

而我那个进了日资企业的同学，却基本没在晚上八九点以前下班过。我们就很奇怪地问他，你有那么多工作吗？他说没有。我问他："那你为什么不按时下班？"他说："我也不知道，反正我发现到了下班时间办公室里谁也不走，我也只好跟着一起等。"

我那个在一家大型国有企业的同学更有意思了，我们发现他的上班时间最没准儿了。有时候下午三四点他就在外面玩了，而有时候深夜还不下班，甚至要晚上熬通宵。后来我们就奇怪了，问他上班时间跟什么有关呢？他说："我们的上班时间跟领导有关。领导加班，大家就跟着加。万一哪天领导出去办事，他一出门，下午我们就留一个人在办公室打卡，剩下的全跑了。”

上述故事略有夸张，却也从中可见，企业环境不一样，人的行为就不一样。人的行为都是环境影响的结果。

不同的环境造就不同的行为习惯和不同的思维方式，所以对一个人每天的工作状态影响最大的是他身处的环境。

同样一个人，在不同的环境下他的行为会不一样。一个人本来雄心壮志，积极乐观，如果进到一个组织当中，发现身边的人全是抱怨连天，上班开小差、干私活、兼职，搞一些乱七八糟的事情，时间长了，他如果不离开的话，迟早会同流合污的，这就是环境对人的影响力。

所以，组织管理的核心其实是环境的管理。

对于管理者而言，最关键的一件事，那就是创造一个良好的环境。这才是管理的关键。

那么，是什么决定了环境呢？

“文化”？

“老板”？

有一年临近年底时，一家医药公司的老板来找我，说要开年终大会，主要干两件事：第一，总结、表彰、发奖；第二，描绘远景、激励大家。请我教他如何做，我教了一些关键要点后，这个老板很认真地做功课，每天晚上写演讲稿并练习到深夜一两点钟。

那次会议非常成功，300多名员工和经销商参加，老板在台上慷慨激昂地讲了两个小时，把下面的员工激励得热血澎湃、兴奋异常。特别有几个新来的员工，回到办公室关起门来还在那里讨论，纷纷说："我们老板真厉害，这么有思想，这么有远见，一定要跟着他好好干！"兴奋得不得了。

在最兴奋的时候，办公室的角落里突然传来一个声音："你们几个是新来的吧？"

那几个人愣了，"是呀，是今天刚进来的毕业生。"

结果那个人说了一句话："果然是新来的，老板的话你们居然还敢信？"

就这么一句话，老板半个月的努力全部泡汤了。

所以决定一个员工所处环境的其实不是老板，而是员工的直接上司。就像一个水池一样，老板在拼命地往里加水，但是下面有无数个管道在漏水。你培养的员工，如果在工作当中他的直接上级管理能力不到位的话，他就会离开的，而随着公司规模变大，老板不可能直接管理每一个员工，所以人员流动率就大。

员工因公司而加盟，却因经理而离开！

如果你的企业员工大量流失，一定是你的管理人员、你的管理干部出了问题。

不信可以自己做一个实验，打电话给公司离职超过 3 个月以上的比较优秀的一批员工。你可以以朋友的身份很真诚地请教一个问题：“当初你离开公司的真正原因是什么？”你会意外发现，80% 以上的人会告诉你：“老板，我现在可以告诉你了，当初我离开公司的真正原因不是那个辞职报告上写的什么家庭原因、个人原因，都是借口，真实原因是我和我的直接上司合不来，不是他看我不顺眼，就是我看他不顺眼。”

千里马常有而伯乐不常有。

在管理过程当中，70% 的明星员工都是被平庸的经理折磨走的。所以决定一个人能不能取得卓越成绩的最大影响因素来自于他的直接上司。

所以，我常说一个人要想取得成绩有三个基本因素：

第一，优势。他要具备相应的优势。在一件事上他要有他的优势，这叫天赋，后文会详细地讲解，这是人才的一种识别选拔的观念。人是否能取得卓越成绩，跟他的天赋是有关系的。丑小鸭可以变天鹅，但前提是它必须是一颗天鹅蛋，鸭蛋是怎么都孵不出天鹅的。所以他本身首先得是一颗好种子。

第二，匹配。他的优势要和他的工作岗位是匹配的，即拥有的优势、天赋要和工作需求匹配。让身高超过 2.2 米的姚明去练体操是不可能取得成功的。

第三，优秀的上级。一个优秀的上级管理者其实就像催化剂，虽然它不是内因但却是一个重要的推动力量。运动员也是一样的，除了有天赋，能匹配，还需要有一个优秀的教练，挖掘他、培养他。所以我们会发现，一个优秀的运动员背后都有一个优秀的教练；一个优秀的演员背后都有一个优秀的经纪团队；一支优秀的球队背后都拥有一个优秀的教练；一个成功的男人背后通常都有一个伟大的女人；一个优秀的孩子背后都有一位伟大的母亲。所以一个优秀的上级领导是一个重要的推动因素，我们常常把他称为“催化剂”。

对一个人或一个团队最大的影响往往来自于这个团队的直接上司，他才是一个组织环境、文化核心决策的决定因素；他才是决定一个团队的状态、员工敬业的最核心的影响要素。一个部门同样一批员工，换一个领导结果可能完全不一样，所做出的成绩可能截然相反。

所以，我说一个人在一个岗位上要取得最佳成绩，有一个最基本的效应叫“经理效应”。

中国男足就是一个典型的例子，中国几代人努力了那么多年，却始终进不了世界杯，后来换了个米卢当教练，他来了之后就说了一句话：“快乐足球，态度决定一切。”其实就是对球员进行状态的调整、氛围的调整、环境的调整，却带来了不同的结果。

在企业里面，很多员工在工作的过程中会提出各种各样的意见：“我们这边任务太重了，加班太多了，补贴不够啊，为什么一定要这样做……”会有很多的问题。在这个时候，谁能第一时间来处理？就是员工的直接上司，他的一句话就能解决所有问题。假如这个领导当时没有处理好问题的话，那么这个队伍的士气、能力、战斗力都会迅速下降。

团队合作当中人与人之间也会有各种摩擦，谁能第一时间化解矛盾？

员工有情绪和抱怨时，谁能第一时间疏导？

员工有意见时，他第一时间会向谁提出来？

员工有好的改善建议时，他第一时间会告诉谁？

员工出现错误时，谁能第一时间就发现并处理？

员工心态有问题时，谁能第一时间及时调整？

员工违规时，谁能第一时间发现并制止？

……

直接上司！！！

老板永远都是最后一个知道坏消息的人。当一件事情反映到老板这里来处理的时候，往往已经闹得不可开交，难以收场了。

所以当我们理解这一点以后就知道，其实在组织管理当中，干部是一个关键的核心环节，带组织、带管理、带团队的核心重点，来自于核心的干部队伍，这是管理的关键点。

铁打的营盘流水的兵。

干部队伍做好了，那整个队伍就能够做起来，如果干部队伍出了问题，只调整员工效果不会太明显。一个好的干部能够去发挥员工的优势，给他的员工相应的、匹配的环境，同时能够做催化剂，促进员工发挥出他的价值。这才是一个好的、优秀的干部会做的事情。同样地，当一个员工持续取得好成绩，我们应该知道，他的背后一定有一个默默付出的好上级、好领导、好干部。所以，每一个希望企业迅速壮大的企业家都必须高度重视干部队伍的培养，将其作为管理的最核心的工作来对待；否则企业无法持续经营，基业也无法长青！

让管理者永远站在舞台中央

管理其实就是一场表演。

管理者最重要的意识就是角色意识。

人在社会中生活，我们与周边人群的关系构建是以身份角色来进行的，而我们也通过各种身份角色来完成个人的自我定位，通过角色定位来确立我们与他人的关系。如果说人贵有自知之明，那么这种智慧的体现在于了解自己的角色并且承担和扮演好这个角色。

在孩子面前我们是父母，在父母面前我们是孩子，在爱人面前我们是丈夫或妻子，在朋友面前我们是知己，在老师面前我们是学生，在学生面前我们是老师，在上司面前我们是下属，在下属面前我们是上司……我们与周边人的关系是由各种角色来定义的：同学、朋友、恋人、夫妻、球友、车友、师生、父子、驴友、战友、队友……别人对你的行为的预期来自这种角色关系的定义，同理，一个人为什么能够得到别人的信任，能与别人和谐相处？是因为他的行为举动都符合大家对他的身份定位。

所以我认为，干什么都得有个什么样，人生的悲剧往往就在于角色错位，做了他不应该做的事情或者不符合身份的事情。

如果你想获得别人的信任和支持，请时刻认清自己的身份角色。

管理者永远站在舞台中央。

对于一个管理者而言，任何时候你都是大家关注的焦点。你的一举一动都会传递出各式各样的信号。而周围的人也会因此而做出各种不同的解读和应对，管理就是这样一个人际互动的过程。

有一家培训公司，跟我合作很长一段时间了，我经常帮他们讲课，后来我发现我每一次去讲课对方都请我吃麦当劳。

开始我没在意，吃了几次后有一次实在忍不住了，我很奇怪地问工作人员："为什么你们每一次都请我吃麦当劳呢？"

他听到我的问题反而觉得很奇怪："容老师，难道您不是很喜欢吃麦当劳吗？"

我说："我什么时候喜欢吃麦当劳啊？"

他告诉我："是这样，有一次上课前您特意打电话过来说，要我们帮您买一份麦当劳。我们还以为您比较喜欢吃，所以每次都专门给您买。”

听他这么一说我才明白，那次是因为我赶时间来不及，所以叫他们帮我买麦当劳。

当然，这只是我的一个小经历，但这类事件发生在一个管理者身上，所起到的作用基本类似。所以，作为一个管理者必须要知道，你的一举一动都会让你的下属有相应的反应。有时候你的无心之举在别人眼中却有别样的解读。

很多管理者经常对员工讲：“弟兄们，上班的时候我们是上下级，下了班咱们都是兄弟、哥们儿。”这句话说说可以，但是不能当真。对一个管理者而言，只要你在员工面前，任何时刻你都是他们的上级，哪怕你陪他们喝酒、唱卡拉OK都是一项工作。

假如一个经理，下了班后和下属去酒吧喝酒、唱歌，然后喝醉了发酒疯，呕吐得一塌糊涂、骂街、乱说话，借酒发疯，丑态百出。第二天早上清醒了，回到办公室说：“不好意思，昨天那些是因为喝醉酒，是下班时间，到了上班时间我还是领导。”

我觉得这种做法有些可笑，真到实际工作中，请问这样有用吗？你的威信已经完全没有了。

所以，对一个管理者而言，任何时刻都是管理，哪怕你去员工家里做客都是一项工作。什么叫职业经理人？以管理为职业的人。既然以管理为职业，任何时刻你在下属面前都是领导。就像营销人员一样，只要在客户面前，客户永远是你的客户，你永远都是一个服务者。

在美国的军队里面，军官俱乐部和士兵俱乐部是严格分开的，士兵永远不许进军官俱乐部。为什么？就是一样的道理。他们知道，不能让士兵看到原来军官们喝完酒也是那副德行，那以后军官们就没有威信了。

请注意，你周围的人随时随地都在注视着你，你的影响力比你想象的要大得多。

一个干部在管理当中所扮演的角色主要有三个：

首先，干部是一个榜样。

对于孩子来说，他的第一个榜样是父母，所以为人父母，你的第一角色是孩子的榜样，所有的东西他都是跟你学的，你在孩子身上会看到自己的影子。对于干部来说，你的首要角色是成为下属的榜样，让他们能从你的身上看到他们的未来。

我们常说，“身教重于言传”，你今天所有的行为都会成为下属的模仿对象，所以管理干部要有强烈的“因果意识”，你今天对付上级的一些不正当的做法或者小聪明今后也会被你的下属用在你的身上。

什么人带什么兵。干部永远要身先士卒，永远是所有人的行为标杆，因为下属要在干部身上得到力量。很多事情不光要让下属做到，干部自己先要做到。我们从员工的表现上其实也能看出他们的上级的管理特点甚至个人的风格。尤其是一些个性色彩比较浓厚的管理者，他们所带的队伍往往也有着非常鲜明的特点。

其次，干部是一座桥梁。

一个组织其实是目标的集合体，也就是一群人为了一个共同的目标，聚集在一起协作，就叫作组织，每一个组织都围绕一个最核心的目标而存在。军队的目标是打胜仗，所以他们就围绕这个目标走；企业的目标是赚钱、盈利。组织管理第一步就是从设定目标开始的，因为你们要有一个共同的目标才能成为一个组织。

当然，企业有目标，那么员工有没有个人目标？也有，员工也有自己的目标。企业的起点是人，终点是企业的目标。所以在员工与组织的目标之间，需要有一个沟通的管道或者桥梁。对于一个管理者来说，你就是员工个人与组织目标之间的一个桥梁。

在一个组织当中，一个干部所承担的不只是上下级之间的协调问题，还有左右之间的协调问题。一个干部应该很清楚一件事情，你向谁汇报、请示？你指挥谁、指导谁？这些都要很清晰；你跟谁协调、跟谁沟通，都应该很清晰，这就是管道或桥梁的作用。

最后，干部就是教练。

作为干部，你就是员工的一面镜子，你要能够给下属指导，指引他成长的方向，你要告诉他如何去发展。当他做了一些错事的时候，你要指导他、纠正他，并且教给他正确的方法。让他能从你这里学习技能，传承经验，增长见识，获得反馈，不断进步，取得成绩。

一个干部在管理当中的任务主要有以下三项：

第一，发挥员工的优势。怎么样把每一个员工的优势发挥出来，这是管理者要注意研究的，否则，一个员工很厉害，就像一台法拉利跑车到你手上，结果每天却只能以 20 千米 / 小时的速度来跑，没有发挥出他的能量，这是一种资源的浪费，最后员工也会因为没有成就感而离开。

第二，保持团队的状态。不但管理者自己要保持最佳状态，还要让整个组织保持最佳状态。不管这个团队的技能基础如何，背景出身如何，如果不能保持一种积极、乐观、团结的状态，是很难在工作中取得好结果的。

第三，达成组织的目标。你的任务就是帮助你的上级达成目标，因为他代表了组织的目标。这同时也意味着你要帮助你的下属达成目标。

说到底，管理工作的实质是什么？就是通过成就别人来成就自己，通过帮助别人达成目标来达成自己的目标。管理者在中间起到的就是这样一个沟通和协调的作用。

有些管理者特别害怕下属比他厉害。一看下属比他厉害，一看有优秀的人进公司，就给人家穿小鞋，想办法整治对方。但是如果管理者没有宽阔的胸怀，那么他就很难成为真正的领导，这样的干部，自己也很难发展。

一代传一代，反而一代不如一代。你带的兵都是越带越差，那你的团队怎么会有战斗力呢？所以，管理干部要清楚地知道自己的任务，就是要帮助上级和下属达成目标，通过成就别人来成就自己，让你的下属比你更优秀。

明确了管理者的三大任务后，那么，管理者是否优秀的评价标准又是什么呢？

搞不清标准就无从评估和选拔，更不能有效识别出优秀的管理者。很多企业为什么没有优秀干部涌现出来？管理人才培养不出来？其实是因为我们对干部的评价标准有问题。只是去评价业绩，当然业绩很重要，但如果只看这一个方面的话，你会发现你选出来的也许是优秀的业务明星，但未必是适合的管理人才。我们到底应该怎么来评价一个管理人员的能力水平呢？

其实和教练员的评价标准是一样的。一个人是不是好教练，那就要看他培养几个优秀的运动员。对一个企业管理干部而言，就是看他能否持续培养敬业员工，这是一个管理者的管理能力的真正体现。一个企业只有不断地培养出一大批敬业的员工，才能取得卓越的绩效，而培养敬业员工就是管理干部的职责所在，当企业的敬业员工源源不断涌现的时候，这个企业才是一个有持续生命力的企业。只有这样企业才能够不断地发展和壮大。

一个管理干部要注意，你的下属跟着你，有没有成长，有没有成绩？如果一个普通的员工跟了你几年，能成长为一个优秀的员工或者管理干部，那么你是一个好领导、好老板。如果有人跟了你几年，都没有任何成长，那你就是一个失职的管理者，你不太适合做管理。

所有优秀的企业家或者管理者，他们都有一个特点，就是会源源不断地培养出一批又一批优秀的人才，也能带出比他更优秀的接班人。

能否持续培养敬业员工？

能否培养出比管理者更优秀的人？

能否培养出比管理者更厉害的接班人？

这就是评价一个管理者是否优秀的关键标准。

领导力的本质：自我管理

学而优则仕。如今企业里的人几乎都希望自己能够尽快被提拔，成为高高在上的领导。有一个段子就是这样形容人的理想生活的："钱多事少离家近，位高权重责任轻，睡觉睡到自然醒，数钱数到手抽筋！"于是，各种管理书籍大量流行，管理者也马不停蹄地参加各种管理培训班，各类管理速成、技巧、捷径、理念也层出不穷。全社会都在鼓吹，当官吧，好像这年头一个人如果当不上个领导就是失败的社会废物。

然而，各种管理的方法、技巧都学了，可是很多人依然在抱怨没有效果，埋怨下属不听话，管理手段不好用。其实，这是因为还缺一个关键的钥匙！

你所有的管理技能，要想产生效果，它必须要有一个关键的钥匙。

这里我们来提出一个问题："请问你喜不喜欢被管理？请诚实地回答。"

"废话，"很多人会说，"我当然不喜欢被管理了！"

是的，几乎没有人喜欢"被管理"。

人同此心，心同此理。

那么我们不妨再问一句："你的下属喜不喜欢被管理？"所以你理解为什么很多管理技能无效了吧？

人们不希望被管理，但是同时请记住，人们喜欢"被影响"，人也可以被影响。

所谓真正的管理，其实根本不是管别人，而是"管自己"，你只有把自己管好了，你所有的管理行为才能产生效果，才能在下属那里产生影响。你才能影响到他，他才愿意听你的话。如果在管理中，你讲一套，却做不到，那么你的管理就都是无效的。

所以管理产生效果的关键是自我管理。

其实你管好自己就不用管别人了，别人都会管好自己，跟着你走。

人为什么被管理？因为你管不了自己，所以只好由别人来管你。就像一个人为什么被抓进监狱？你自己不能遵纪守法，约束好自己，当然只好警察来帮你约束自己了，真理有时候就这么简单。管理的本质是自我管理。

广州有一家广告公司，公司规定早上10点上班，可是老板发现每天都有大量员工迟到，按时出勤率不到30%，于是老板采取了各种手段来治理：点名、打卡、签到、指纹机、门禁卡……收效甚微。在我的管理课程上，老板把这个问题提了出来，问有没有什么更好的管理手段。

我问他："你一般什么时候到？"

"做广告经常加班，我经常也去不了那么早。"

我问："你为什么觉得你可以晚到呢？"

"我是老板呀，我当初为什么创业，就是不想受人管、受人约束，自由嘛。"

我问："你觉得员工喜欢被这样管吗？"

"可能也不喜欢吧，但总不能全公司都迟到吧？"

我问："那你打算怎么办？"

"制定一些惩罚的章程吧？！"

我问："你觉得重罚效果会好吗？"

"其实也不行，罚太重员工会流失的，我也不敢真罚。"

我问："假如你每天早上都按时到呢，会不会好一点？"

"也许吧。"

我问："你能不能试一试，连续两个月，无论什么理由都每天坚持按时上班？"

"可以试一试。"

……

这位老板按照我的建议坚持了一段时间，半个月后，他兴奋地和我分享，“太神奇了，我只坚持了不到 10 天，现在每天的按时出勤率达到了 96%，而且我没有用任何的手段和政策！”

由此可见，管理本来就是一件很简单的事情。

人的成熟过程就是一个不断学会自我管理的过程，我们最早开始管自己的哭，然后学会管大小便……一步一步管理自己，到 18 岁成年，成年的意思就是自己要为自己的行为负责。当人能够为自己负责的时候，就是成熟的标志，就意味着开始能够承担责任，而管理就是承担责任。你能为自己负责，你就是成年人；你能为家庭负责，你就是家长；你能为部门负责，你就是部门经理；你能为企业负责，你就是老板；你能为全省人负责，你就是省长……当你不能管理自己的时候，就失去了所有领导别人的资格和能力。

管理自己，重点是管好自己的情绪、语言、行为。注意你的言行举止，注意你的情绪状态，你的情绪会在你带领的团队当中感染、放大，因为管理者永远站在舞台中央。作为管理者，你说的话也要注意，说者无意听者有心，不适当的言论会给你带来巨大的麻烦，古人都提醒我们：祸从口出。

管理好自己，才能成为组织中最好的成员。其他成员有时难免有些放纵，而你是最好的成员，大家信任你，才敢把希望寄托给你。每一个想成为领导者的人，请先从自我管理开始。

认清自己是成为优秀领导者的关键，因为一个人的伟大之处不是领导别人，而是管理自己！

3 十二阶梯打造敬业团队

管理者只要把决定员工敬业的 12 个核心问题处理好了，就能拥有一支敬业的团队。每一个管理者只要遵循这 12 条规则，管理对他来说就是一个可操作、简单有效的标准化的流程。管理很难，难在哪里？因为管理的对象是人，而人有太多的复杂性和不确定性。

按图索骥，明确 12 个核心问题

有一个老太太，有三个女婿，她一天到晚都在想一个问题：这几个女婿到底谁对自己比较好一点？决定亲自测试检验一下。首先叫上大女婿一起出门，走到半路过小桥的时候，老太太假装失足掉入河里。大女婿赶紧拼命把老太太救了起来。回到家后丈母娘决定奖励大女婿 QQ 车一辆。

几日后老太太又叫上二女婿一起出门，走过小桥的时候，老太太如法炮制，假装失足掉入河里。二女婿赶紧拼命把老太太救了起来。回到家后丈母娘奖励二女婿比亚迪 F0 一辆。

几日后要考验小女婿了，老太太又叫上小女婿一起出门，走过小桥的时候，老太太再次假装失足掉入河里。哪知道这个三女婿却不会游泳，眼睁睁地看着老太太淹死了。小女婿怀着忐忑不安的心情回到家里，你猜结局怎么样？老丈人奖励小女婿奔驰 S500 一辆。

一个幽默小故事，却和我们在管理中可能遇到的情形有点类似。在管理者的岗位上大家都会遇到这样的状况：面对不同的员工，同样一句话、同样一个要求，用在不同的人身上结果却完全不一样。管理者经常困惑的一个问题：我的管理政策为什么有人支持，有人不支持？同样一件事为什么有人做得好，有人做得不好？

同样一句话，为什么有人接受，有人反对？

同样的话对不同的人讲为什么结果不一样？

同样的话不同的人对同一个人讲效果为什么还是不一样？

同样的人对同一个人讲同样的话，为什么不同的情形下效果还是不一样？

因为人不同、心情不同、理解不同，人心难测，管理是一个人际互动的过程。

其实这就是管理工作的挑战，同时也是它的魅力之所在。难道管理就没有章法可言？

管理到底是科学还是艺术？

很多人觉得管理很麻烦，管理不可预测，管理很多的时候是靠经验。一般人会觉得管理是一门艺术，所以觉得不可控制，似乎没有一套可以操作的模式，像是艺术一样，依靠个人的灵感、悟性和经验，所以一些人会认为管理干部很难培养，甚至最后干脆放弃。

其实，管理的基础和原理、规律是科学的，但每个人的操作水平不同，这是艺术的部分。就是说，管理的内核是科学，表现是艺术。

管理到底能不能标准化、流程化?

没有流程就不能标准化，就不能复制，就是不可控制的因素。请问：销售有没有流程?

“当然有！”对这一点大家倒是意见统一。不管是“四步法”“十大步骤”“六连环”……总之销售是一套可以操作的流程。例如：一个销售人员见到新客户第一件事情是做什么？自我介绍。为什么要先做自我介绍？试想如果你在逛街的时候突然听到有人和你打招呼，而你想不起他的名字。这个时候你的脑袋里蹦出来的第一个问题是什么？——这个人是谁呀？——如果这个问题没有答案，不管这个人与你谈什么话题你都不能够接受，因为你的脑袋里会一直不断地盘旋一个问题：“这个人是谁呀？”这个问题不解决，后面的问题就无法进行。

人的思考过程其实是一个不断提问和解答的过程，人的沟通思考是基于“心理流程”来进行的，就像问“你是谁？”等等，每一个问题的思考都会按照顺序去“提问—解答”，因此，“提问—解答”是人们的一种思维模式，人们都是按照这个模式去思考和沟通的，而且问题的解答过程都是按照一定的顺序来进行的，顺着走最好，跳过去或者反向来往往效果与按顺序来有天壤之别。

销售其实是一个沟通的过程，销售流程其实是基于客户的“心理流程”来进行的。生活中我们会发现有一些沟通高手，他们讲的话似乎“讲到我们的心坎里了”，就是这样一种效果。为什么他们的沟通有效？就是因为他们能了解掌握对方的“心理流程”，无论他们是经过后天训练或者是有天生的能力。

管理其实也是一个人际沟通和互动的过程。“管理流程”也是基于下属的“心理流程”来进行的。当管理者了解和掌握了下属的“提问—解答”的顺序，就能走入下属的内心，这样管理的效果与简单粗暴的强迫式管理当然不可同日而语。

管人要管心，带人要带心，管理就是管人心，得人心者得天下。

一酒店老板为防止别人偷酒，就在酒桶上面贴了一张纸条，上面写着：“严禁偷酒！”

第二天早上起来一看，老板哭了，酒桶里的酒只剩一半；于是又贴了一张纸条，上面写着：“严禁偷酒，违者重罚！”第二天早上老板又哭了，酒桶里的酒又只剩一半。

于是有人给老板出了个主意，换一张纸条，上面写着：“尿桶！”老板大喜，安心入睡，第二天早上老板又哭了，原来只剩一半酒的酒桶竟然满了！

……故事还没有完……

老板痛定思痛，心生一计，又拿出最早的那张写着“严禁偷酒”的纸条贴上……

那一夜，很多人哭了！

一些管理干部经常抱怨员工难管理，心态不好、不服从指挥、不听话、搞小聪明、有逆反心理、不讲道理……我一般会说：“对呀，正是这样，所以管理者才有价值，优秀的管理者才难能可贵，管理高手才能脱颖而出，如果管理很容易，如果员工个个很听话，都很自觉，那还要管理干部干吗？”

一支球队如果个别球员不行，换球员。如何整个球队不行呢，换谁？教练。如果一个管理干部对下属总是指责、总是挑毛病、总是抱怨连天，说明你没有管理的能力，你不能影响和调整下属的心态，反而被下属影响。

管理是互动的过程，与其抱怨别人，不如提高自己的能力，调整自己的方法。只有真正了解下属的心理与想法，才能做到对症下药。

经营一个组织或者一个团队，归根到底是在经营人心。管理如何流程化？

员工是否愿意在一个企业敬业工作，不是一开始就能决定的，也不是决定以后永远不变的，而是一个不断“提问—解答”的过程，不断确认的过程。

决定一个员工是否敬业的“提问”有哪些？当然有很多，我们要把最关键的找出来。美国最大的调研公司盖洛普通过对这个问题的追踪调查，终于找到了决定员工敬业的最重要、最关键的12个核心问题。管理者只要把这12个问题处理好了，所有的管理难题就能迎刃而解，就能培养出敬业的员工，拥有一支敬业的团队。

当然，这12个问题员工未必会当面问出来，但他们的内心都在反复琢磨这些问题，管理者要主动解决而不是等到员工问出来，等他们问出来往往就表示这个问题已经困扰他们很久了，再不解决会被马上折磨死，所以，管理者要通过自己的管理行为将这些问题主动、提前就处理好。

这12个问题员工未必会完整地问出来，甚至他们自己都不一定能清晰表达出这些意思，但其实他们的内心都有着同样的感受。

员工表现出来的问题千奇百怪，未必包含在这12个问题中，但其实根源都在这12个问题当中，如果将它们解决好，其他的问题也许根本就不会发生；但如果抓不住本质，头痛医头脚痛医脚，按下葫芦浮起瓢，管理者的结局只能是活活累死。

这12个问题不要等发生了再解决，管理者要站高一层，最好能提前将问题扼杀在摇篮当中，治病的最高境界是防患于未然，避免问题的发生，否则管理者只能像消防队员，四处救火，吃力不讨好。

这12个问题是有顺序的，前面的问题没有解决好，就跳过去解决后面的问题是不行的。基础没有打好就想盖楼房，最终根基不牢，盖得越高越危险。所以管理者一定要按照顺序一个一个地操作，特别是基础工作要做好。

最后，这12个问题的解答是以员工的内心自我确认作为答案的，只有员工自我确认答案是“YES”，这些问题才算是解决。不管管理者有什么看法，或者管理者做了哪些努力，最终的结果就是员工在问自己这12个问题的时候，给自己“YES”的肯定，那么管理才算是有效的。管理者无法强加一个答案给员工，只能通过我们的管理动作去影响他得出“YES”的答案。自我肯定的力量超乎想象的强大。我们把它称为“敬业团队的十二阶梯”。

这是一幅管理的地图，也是一门管理者的必修课。每一个管理者只要按图索骥，照章操作，就能成为一个优秀的管理者，一个具有无穷魅力的领导者。管理对你来说不再神秘，不再恐惧，不再使你感到无所适从、慌乱和迷茫。从此开始，管理对你来说是一个可操作、可复制、简单有效的标准化的操作流程。

管理模式化的时代由此开启!

你想了解你的团队的敬业度吗？你想了解这12个问题在你的团队中的答案吗？

在你开始下手管理之前，我建议你可以先做一个调查，了解真实的状况，下面这12个问题，就代表了你团队的敬业度。

我知道对我工作的要求吗？

我有做好我工作的材料和设备吗？

在工作中，我每天都有机会做我最擅长的事吗？

在过去7天内，我因为工作出色而受到表扬吗？

我的同事和主管关心我的情况吗？

工作单位有人鼓励我的发展吗？

在工作中，我觉得我的意见受到重视了吗？

公司的使命/目标使我觉得我的工作重要吗？

我的同事们致力于高质量的工作吗？

我在单位有一个最重要的好友吗？

在过去6个月中，工作单位有人和我谈起我的进步吗？

在过去1年中，我在工作中有机会学习和成长吗？

界定清晰的工作要求

管理的起点在哪里？

一个员工加入一个新的团队，他关心的第一个问题是什么？

——我在团队中的工作是什么，团队对我的要求是什么？

也许这个问题听起来很简单，但是实际上很少有管理者能把这个问题解决好，而这个问题非常关键，是所有管理的起点，解决了这个问题，相当于解决了所有管理工作的一半。

员工经常问老板一个问题："老板，我在公司也干3年了，没有

功劳总有苦劳，当初跟我一起进公司的那个人业绩跟我都差不多，为什么他当经理了，而我没有当？我什么时候才能当经理？”请问，如果你遇到下属问你这个问题，你该怎么回答？

老板：“你没有达到目标。”

员工：“但他的业绩和我都是差不多一样的，为什么提他而不提我呢？”

老板：“他的管理能力强。”

员工：“他之前好像没有做过管理吧。”

老板：“他人品好，对公司的忠诚度高。”

员工：“我们一起进公司的，工作也是一样做的，我的人品您觉得不好吗？”

老板：“这个一两句话也讲不清楚，他是综合素质比较突出。”

员工：“到底什么是‘综合素质’呢？或者是评估下来，我个人的综合素质还不够突出？”

老板：“不是不是，哦，是你的这个岗位很重要，你又做得特别出色，所以，这个岗位离不开你。”

员工：“那……您的意思是我在岗位上做得好所以没有机会获得提拔？”

老板：“呃……不是这个意思，你别着急，其实这次不提拔你是还有更重要的岗位要给你……”

……

我们不妨设身处地换位思考一下，如果你是那名员工，听到老板这番话以后，你会是什么感觉？是否觉得老板不重视你？或者觉得自己在这家企业已经没有前途？是不是开始有换个企业的打算？就算不离开，以后你工作时还会像以往那样努力和投入吗？

刚才这些对话在企业的各个层级中都会经常发生，稍微处理不好，轻则打击了员工的工作积极性，重则可能造成员工流失，而这一切竟然只是从一段简单的对话、一个小小的问题开始的。管理其实无大事，都是从小事情开始的。

类似的问题还有：如果你的员工帮公司从竞争对手那里挖人过来，你怎么对待这名员工？如果员工说自己干了好几年应该涨工资了，你如何回应？如果员工给公司提了一些合理化建议，又应该怎么对待？如果员工弄到了竞争对手的情报资料，该怎么办？……

其实这些问题背后都反映出一个共同的问题：就是我们对于员工的工作岗位界定不清楚。所以当员工做了这些事情后，怎么处理就没有标准，自然只能凭感觉或喜好去处理。每次谈到工作要求，一些管理者只会简单交代几句：把任务完成，达成目标就可以了。或者干脆说：我只看业绩结果，其他的我不管。搞得员工迷糊、干部迷糊，老板自己也迷糊。

跟大家分享一个简单、好用、最基本的绩效考核工具，以“销售员”这个岗位为例：下图上面一栏是几个标准问题，下面一栏是示范答案，因为每个企业具体情况不同，请你根据自己企业的实际情况来作参考，下表只是一个示例。重要的不是这个工具本身，更重要的是它背后折射出来的思维方式会对你有所启发。

销售员工绩效考核工具

1. 这个岗位的工作职责是什么?	2. 这个岗位有哪些指标是可以用数据来评价的?	3. 这个岗位有哪些事情是不能做的?	4. 除了前面列出来的之外，你还希望这个岗位上的员工能多做点什么事情?
例如： 销售产品 维护客户管理 宣传公司	例如： 业绩 新客户数量 回款率	例如： 兼职、飞单 吃回扣、虚报账 串货、乱价 泄密	例如： 学习提升 提供合理化建议 优化流程、提高效率 培训新人、带新人 分享好的经验 收集竞争情报 挖掘优秀人才 降低成本、控制费用

请问：销售人员的收入是怎样构成的?

答：底薪 + 提成。

所以，第一个问题就和这个岗位的底薪有关，当你要求的工作职责越多，你通常所要付的底薪就越高。有的人不懂，员工一来问我要干什么，他就“一、二、三、四……”拼命讲，你规定得越多，员工的心里就想：“干这么多事情，工资一定不能太少！”

第二个问题与提成、奖金、奖励有关，这里面又有一个重要的原则：凡是不能用数字化、具体化来衡量和评估的事情，尽量不要和奖金挂钩，否则你就是自找麻烦!

有一位门店店长干得不错，老板于是给他800元/月的奖金额度，由他分配。店长很兴奋，月底召开总结会议，宣布：“上个月张三表现良好，工作积极，经常加班加点，发奖金500元以资鼓励；李四也表现不错，发奖金300元；请大家向他们学习！”

会后，王五跑来找店长：“店长，凭什么给张三发500元奖金？”

店长：“人家经常加班加点，工作积极，表现良好。”

请问，一般这个时候，王五会是什么反应？

王五：“呸，他加班？你不在的时候跑得比兔子还快，他就是在你面前表现好一点而已，我们经常跑外勤，风吹日晒的，你怎么没有看见？”

请问，面对这种压力，店长这个时候该怎么办？

有些店长会赶紧安慰王五：“好了好了，下个月发给你！”

——从此之后，发奖金变为轮流坐庄，公司每个月多发了800元工资而已。

也有些店长比较强硬：“人家就是表现好，你吃不到葡萄就说葡萄酸！”——回头王五开始联合赵六等人：“看看人家张三和店长关系不一般吧？干得好不如关系好！”从此，小团队帮派问题开始形成，甚至有一天会决裂：“店长，选他们几个还是要我们几个？”

其实企业的许多管理大难题都是从小问题开始的，这些小细节处理不好就是一个大问题，整个团队工作状态和士气就会下来。凡是不能用数据化来评估的事情千万不要跟奖金挂钩。但很多没有经过训练的管理人员往往不明白这个道理，还不停向公司要发奖金的权力，到最后，发了钱也得不到好处，反而惹出一堆麻烦。

作为企业家，当你准备给干部更多授权的时候，请考虑好他们是否做好了准备？

第三个问题与处罚有关。比如，有些公司有个奖金叫“全勤奖”，本意是好的，可是，有些新员工听了会有什么反应？哦，看来这家公司出全勤是很少见的事情吧，否则，为什么还要发全勤奖金呢？

还有，当员工犯了一些错误的时候，你去处罚他，他会反过来质问：为什么当初没有说不能这样做？所以，很多事情还是先讲清楚比较好，丑话说在前，免得日后伤感情。

最后，第四个问题，它和什么有关？奖金吗？不，它和晋升有关！我们是不提倡与金钱挂钩的。为什么？请注意，这是一个“销售员”的表格，如果我们做的是“销售经理”呢？你有没有发现，这部分其实就是一个“销售经理”的“基本职责”，也就等同于第一个问题的部分了。换句话说，如果你的销售经理做了这些事情，请问你会额外发奖金吗？如果他当员工做这些事情都有奖金，当了经理反而没有，他的感觉会如何？

再者，这也是我们选拔和考核销售经理的过程，作为一个管理干部，需不需要有付出的心态？岗位越高，付出的越无法具体评估，回报期越长，如，员工是领日薪的，每天下班就能知道自己赚了多少；白领是领月薪的，月底才知道自己能拿多少；职业经理人是领年薪的，到年底才知道自己能拿多少；而再高级的职业经理人还有期权，那个的回报期更长。所以，当一个人在不知道明确回报的情况下，他还愿意这样付出，说明他真正喜欢这件事，有付出的心态，可能是一个做管理的好苗子，值得培养。如果只为钱工作，是不可能持久，也不可能做得更好的。

最后，不发钱还有一个原因，就是大家有时候会觉得销售队伍缺乏狼性。为什么呢？其实从薪酬的角度看，一个很重要的原因，就是他的收入太多元化，就是所谓的吃“杂粮”，所以他就不会这么专注。如果“自古华山一条路”，所有的收入都与业绩挂钩，那么我想销售队伍必会多一些专注和狼性。

其实我问的这四个问题总结起来就是四句话，基本的工作是做什么，哪些数据指标，哪些事是不能做的，最后你希望他还能多做点儿什么事。只要有新员工进来，作为管理者，就必须要直接跟他讲清楚这四点。

一个新员工上班第一天，管理者就可以这样跟他讲清楚：

“欢迎你到我们公司来，你的工作是销售员，你的底薪是1000元，跟三件事有关——销售产品、维护客户管理、宣传公司。这三件事情你做了，不管有没有结果，底薪都会发给你，但是这三件事你都没做，说明你不是这个岗位的人，那我们就要另外考虑了。当然，如果你想多赚钱，公司有规定，业绩多少、提成多少、奖金多少，最高奖是多少自己算，所以以后能挣多少钱就不要问我了，自己去算。第三，我特别提醒你，兼职、飞单、吃回扣、虚报账、串货、乱价、泄密这些事千万不要干，抓到一次罚一次，情节严重就开除甚至追究法律责任。最后，如果你有兴趣往管理层发展的话，那就自己主动学习提升、多提合理化建议、优化流程、提高效率、主动培训新人、和大家分享好的经验、收集竞争情报、挖掘优秀人才、注意降低成本、控制费用，这样的话，以后提拔的时候我会优先考虑你。"

这样，才算是把工作要求讲清楚！

这个工具不但老板要懂，每一层级的管理人员都要懂，这样新员工进到公司，不管问谁，得到的答案都是一样的。

有个新人到公司，去问部门经理："经理，我怎么样才能得到提拔？"

经理说："以后听我的话，听话就有机会！"

员工又跑去问人力资源总监同样的问题："总监，我怎么样才能得到提拔？"

总监说："积极工作，忠诚于公司，跟同事打成一片，有团队精神！"

同样的问题，员工偶然碰到老板，也问老板："老板，我怎么样才能得到提拔？"

老板一听，瞪大眼睛，大声说："业绩，当然要业绩！"

试想一下，如果你是这个员工，你会有什么感觉，头肯定都晕了，每个人说的都不一样，到底该听谁的？

为什么员工没有动力？就是因为员工不知道自己所做的每一件事情会带来什么结果。为什么新员工刚进公司充满激情、积极主动，一般干两三个月就变老油条？就是因为他发现，自己做了很多事，但是这些事不一定能带来他所期望的结果，自然而然就慢慢偷懒，多一事不如少一事。因此，界定工作要求是一切管理的起点，是一个管理者最基本的工作。

布置任务的时候，许多管理干部习惯于简单化的单向沟通，这样就会产生很多误会。

人往往会按照自己的主观想法去理解别人的语言。

有一次，我去电脑城买硬盘。当时我问这个品牌的硬盘怎么样？店长就把店员叫过来说："你去库房拿一个 ×× 型号的硬盘过来。"小伙子一听，效率还挺快的，马上就去了。结果等了 20 分钟，这个人才回来。我们都等得快不耐烦了。

小伙子刚站定，店长劈头盖脸地就骂他："怎么拿了这么久？"这个员工也很委屈，他说："我以为客户要用，所以在里面把硬盘分区做好了，还格式化了一遍，现在拿过来马上就可以用了。"

这个店长一听更加生气了："我只是想要你把它拿来给客人看一

下硬盘体积的大小和样子，我又没有说要用！”

其实，这件事情也不能完全怪那个店员，是店长在交代任务的时候没有讲清楚，所以店员也就没有做出他想要的结果。因此，界定工作要求，布置工作任务时，一定要有一个很完整的沟通系统。

工作沟通十要素：

讲清楚工作的背景、起源；

明确工作目标；

说明想要达成的结果；

确定工作完成的时间；

参加工作的人员与分工；

每个人所要承担的责任；

授予的权限；

完成工作的好处；

过程中的检查点；

落实监督检查人员。

其实，每一件工作都要讲清楚背景、起源、目标、时间，过去之所以出了很多问题，就是因为在交代任务的时候，管理者没有完整地把这个体系讲清楚。为什么要做这件事？它的意义在哪？其实布置工作第一步是要把背景讲清楚。

政府管理也有这种习惯。比如每次举办重要活动的时候，一般都要领导出席，然后领导上台讲话，而领导讲话其实并不会讲具体业务或者指导，时间也都很短，他只是讲为什么要做这个事情，它的重要意义在哪里。所以，领导最重要的是把这件事情的意义讲清楚。

许多管理人员喜欢偷懒，觉得在沟通上搞这么复杂，啰嗦，显得婆婆妈妈。其实，如果在前面沟通细致一些，后面就会顺利很多，如果前面偷懒，后面一定要花更大的代价来补救。就像装修房子一样，如果前面在设计阶段多花点工夫仔细推敲，后面就不会搞出很多临时的问题弄得手忙脚乱。不然，管理者就会成为“拍脑袋决策、拍胸口保证、拍大腿后悔、拍屁股走人”的“四拍干部”。另外，很多管理者也习惯于单向发布指令，优秀的管理者都懂得双向的重要性，学会养成一个习惯：让你的下属重复一遍他对他的指令的理解。

假如你是一个下属的话，这个就更重要了，很多经理人是冤死的，因为你做的很多事情不是领导想要的。聪明的下属应该学会随时随地向上级请示确认，走一步确认一下，或者核对一下，这样就会少走弯路。

我曾经遇到过一个设计人员，他有一个特点，就是什么任务交代给他以后，他就埋头自己干，结果干了一个多星期，拿出来一看，我们发现他所做的根本不是我们想要的，离我们的预想差得太远，而这个时候他也很委屈。

后来另外一个设计师就聪明多了，他在设计的过程中不断确认：这个颜色可以吗？这个版式行不行？这样一步步来确认，确认后，再接着继续下面的工作。他就会少走很多弯路。所以，学会向上级主动确认，这是很重要的一件事情。

最后，界定工作要求还有一个很重要的作用，就是确认工作的价值和意义，也就是让员工具备全局观。

一支配合良好的团队，其中的每一个成员，不但知道自己在做什么，也要知道别人在做什么，这样才能形成最良好的配合。比如特种部队在布置任务的时候，所有人员都是一起参与的，每个人不但知道自己在做什么，也知道别人在做什么，这样，就能形成良好的协调、衔接和呼应。所以，不断地和员工讲清楚工作要求，他就会具备全局的概念，也明白在公司中自己处于什么位置，扮演的是什么角色，要做什么工作。

"二战"时，美国有一个陆军部队的连长，被调到炮兵部队当连长。这个连长到了炮兵部队以后，突然发现一件很奇怪的事情：每个炮兵班是一个班负责一门炮，其中一个人装弹，一个人瞄准，一个人拉栓，一个人送弹，一个人指挥，互相配合，每个人都在忙。但这个连长却发现每次开炮的时候，在炮的后面大约三四米的位置，会有一个士兵举着右手站在那里。

这个连长觉得很奇怪，为什么会有这样一个士兵呢？他就跑过去问他："你是干什么的？"那个士兵也很郁闷地说："我也不知道，反正炮兵条令上写的，每次开炮我要在这里以这个姿势站着。"连长搞不懂了，怎么会有这样的事情呢？

于是他去翻资料，终于找到了原因：原来这一做法起源于第一次世界大战的时候，那时的炮都是用马拉的，一匹马拉一门炮，开炮的时候马会受惊吓，所以就需要有一个人拉着马的缰绳，站在马头这个地方；可到了“二战”的时候，汽车已经很普及了，所以马被取消了，但炮兵条令一直没有改，规定有这个动作，所以大家就照着做，可谁也没有搞懂是什么原因。

企业是目标的集合体，一群人为了一个共同的目标聚在一起协作就构成了企业。

企业发展中，很多岗位要经常去检查它的工作是否和公司目标匹配，看看这个岗位有没有存在的必要，需要经常问一下可不可以删减，以确保每一个人做的事情都是为了一个共同的企业目标。人常常会忘记自己的工作目标是什么，因为他做久了之后就变成一种习惯了。

所以围绕目标来做分解，就能发现有些职能或者职位是否有必要，或者是否重要，每一个岗位对于实现企业目标的意义和价值在哪里，每一个人在企业中的价值和意义又在哪里。一切都要以公司的目标和结果为导向。当理解这种思维以后，公司的任何一个岗位都可以很清晰地被评估价值，一个岗位的工资其实也跟对目标的贡献有关。

有一个老总遇到一个问题，说他的财务人员在公司干了10年了，天天吵着要加工资。这位老总问我怎么办？我说那把他请过来，我来跟他谈一下。

我问这位财务人员：“你在公司主要干什么？”

他说："记账、财务处理，等等。"

我问："你干了多久？"

他说："10 年了。"

我又问："10 年都这样吗？"

他说："都这样呀。"

我问："你为什么要涨工资？"

他说："我都干了这么久了，应该要涨了，人家都涨了。"

于是我就问他一个问题："你知道财务里面分多少个档次吗？"

他说："不清楚。"

我说："这样，我们来大概分一下，财务里面主要分几种：第一档，就是记账，这是最常见的财务人员工作，这样的人年薪大概几万左右；第二档，优秀点的财务人员能够做一个决策分析，能够做一个报表分析，能给老总做一些决策参考，做到这个叫财务经理，年薪可以往 10 万这个方向去；第三档，也就是再优秀一些的财务经理，他们能做预算化管理，全面精通掌控预算化的管理系统，如果你能做到这个，那年薪 20 万、30 万都不是问题；第四档，也是最厉害的，他们懂得融资和资本运作。做到这个级别的话，你的收入 50 万、100 万，甚至 1000 万都有可能。你想挣多少钱？10 万、100 万都可以，我想老总也愿意给你，但你能不能做到那个要求呢？"

他听完沉默了……

我又补充说："如果你愿意提升，老总说公司愿意提供你学习进修的机会，毕竟，你也是公司的老员工，为公司做出了贡献，公司也希望你有更高的发展呀。”

他的眼睛中闪出希望的光芒。

有些人，虽然工作了20年，其实只不过是将第一年的工作重复了19遍！那他为企业贡献的价值就仅此而已，而个人的回报自然也如此。

任何一个部门或者岗位的存在，都是为企业的核心目标而展开工作的。企业需要的时候就会设这个部门或岗位，不需要就会把它撤掉，这跟战略有关，跟公司目标有关，每一个岗位都要为这个企业做最大的价值贡献。

所以，当评估一个部门或岗位需不需要设立的时候，只要看它是否能为企业目标服务就可以了。很多时候作为员工的一方很想做点事情，但是不知道该做什么，有劲儿使不出来。管理者也一样，很希望员工都能努力工作，但是发现谁都没有动力，感觉很困惑。

每一个人也需要不断追问自己，你做的事情对公司目标到底贡献在哪里？

如果每个人都能做到这一点，那么管理就很准确而轻松了。最后，我们来了解一下关于有效沟通的流程：

1. 我要讲的事情是什么？

2. 要对方做一个回应：你清楚了吗？

3. 让对方用自己的方式反馈回来：请你详细讲一遍我要你干什么。

4. 能接受吗？能做到吗？什么时间完成？需要什么支持？

5. 我将在哪些时间点做检查？

6. 无论是否完成，在约定时间都要做汇报总结。

学会习惯性地让下属给你一个回应，让他复述你布置的工作任务，这是一个沟通的习惯，多加训练就会习惯了。

我们要明白，工作要求的界定，是所有管理的起点，其实管理当中50%的问题都源自这里。

优劣淘汰，有效分配资源

这里主要讲的就是管理者对资源的分配问题。

资源分三个部分。

一是工作环境，工作的环境会影响工作的效率和心情。

二是硬资源，就是要完成工作需要配备的硬件条件，比如办公桌、电脑、车辆等等。

三是软资源，这个经常被忽略，它指的是一个员工要完成一件工作，他所需要的信息和技能。比如他想把东西卖好，但没有销售技术；他想做好管理，但没有经过管理培训。这些就是管理者所要提供的。

这个问题最重要的思考点和关键点是资源分配原则。

我们知道，企业里面每一个员工的贡献价值是不一样的，能力也是不一样的，但企业的资源是有限的，这也就带来一个非常大的难题，如何分配资源?

很多企业之所以效率不高，最大的特点之一就是管理者习惯对所有的员工平均对待，大家都差不多，就像家长盛饭一样，大儿子、小儿子都是每人一碗，这是家庭式管理。但根据“马太效应”，强者越来越强，弱者越来越弱，有钱人赚钱很容易，而穷人赚钱很艰难，财富越来越集中。

刘翔在奥运会比赛中拿了冠军，也许比亚军仅仅快了0.01秒，但是价值完全不一样，一个冠军和亚军的广告代言费用就会最直接地体现出来，虽然找刘翔代言要花费高昂代价，但大家还是会争先恐后去找他，因为他给企业创造的价值更高；同时还有一点，那就是永远没有人会找最后一名去代言自己的产品，即使他的价格再低，这就是“马太效应”。

其实管理的过程就是一个分配资源的过程。企业里面的资源是有限的，我们一定要知道，把你的资源用在什么地方才最有效率。在一个企业里面，不同的员工为企业创造的价值是不一样的。

一个员工一年做1000万业绩，他可以提10%；一个员工一年做

100万业绩，他可以提50%。谁为企业创造的价值更大呢？当然是1000万的人，他提10%，就会有100万；但那个创造100万业绩的员工，哪怕提50%，也只能得到50万。

所以，其实资源分配就是一种投资，就像你买股票肯定也是买可能涨的，不会买可能跌的，买房子也是一样，要买未来会涨不会跌的。

在管理当中最大的难题，就是有时候管理者容易心软，总是觉得需要平均对待，但事实上这种平均只会把大家都害得更惨，因为你的资源没有得到最有效的发挥。因为只有优秀员工才能为你创造最大的投资回报率和效率。

在分配资源方面，是没有平等可言的，企业资源永远是为少数优秀者服务的。这就是资源分配的倾斜性，即优势资源要向优秀者倾斜！

在企业人才争夺战中有一个重要法则：成功吸引成功！高手喜欢跟高手过招。你的企业想要吸引优秀的人才，那就要有一些优秀人才。比如你的企业的技术在行业领先，说明你的公司一定有行业里面的技术高手；你的企业市场策划很厉害，说明你的公司一定有几个在行业里顶尖的策划高手。

物以类聚，人以群分，高手也喜欢和高手过招，所以叫成功吸引成功，你想吸引成功人才，你自己就必须很优秀。

姚明在中国篮球运动员中算优秀的了吧？但姚明去了NBA，他为什么不在国内打了？在国内他绝对是高手。但他愿意去NBA打球，

因为那里水平更高，全世界所有的顶尖高手都聚集在那里。

管理者往往低估了优秀员工的潜力。我就经常听到一些管理者和我说他们的员工能力已经到顶了，不可能再有所发展了。其实，那是因为你没有找到开发他潜能的方法，高手才有提升的空间，高手才能创造最大的价值，第一名和第二名的差距绝对不止一个名次而已。

培训也是一样的，很多企业老总问我说："容老师，我送人来你这里培训好吗？"我说："可以啊。"他很高兴地说："容老师，我把公司业绩最差的员工送过来，请你好好训训他们！"搞得我哭笑不得。

学习其实也一样，大家回想一下，在你读小学、中学的时候，总是坐在前排，认真听老师讲课、记笔记的都是成绩好的学生还是成绩差的学生？对，是成绩好的学生。而成绩差的学生总是坐在后面打瞌睡、翻小说、写纸条，等等。其实，最需要好好学习的，恰恰是那些成绩差的学生，但他们也是最不爱学习的或者学习效果最差的。

因此，培训对优秀者反而最有效，对不思进取的人是起不了任何作用的。我在给企业做干部学院的时候，都要求老总把最好的干部选出来学习。

一个公司最重要、最宝贵的资源是什么？

答案一定是老板的时间！

老板把时间放在哪里，哪里就会创造价值和效应，老板把大量的时间放在了什么事情上，这件事情就是公司战略的重点。如果一个老板一天到晚花时间陪客户喝酒、吃饭，那这家公司的战略重点就是靠关系营销；如果一个老板花大量时间待在工厂里面跟员工一起搞研发，这家公司的核心竞争力就是技术；如果这个老板经常在市场一线跑，这家公司就是以营销为主导。

一个聪明的管理者懂得如何分配时间：

把 50% 的时间给优秀者；

把 25% 的时间给新人；

再把 15% 的时间给那些正在努力，但是还没有得到结果的人；

最后花 10% 的时间来处理那些落后者。

为什么要花大量的时间和优秀者在一起？

首先，最本质的是寻找一个动力。如果总是和那些落后的人在一起，管理者就会接受大量的负面信息，比如：公司产品价格太贵、市场不好做、服务不好等等，听完这些以后，你就会怀疑自己、怀疑自己的公司，老板就直接去跳楼算了。而和优秀的人在一起接受的信息也不一样。优秀的员工会对老板说：我们产量太少了，再开发几款产品我还能卖。所以，跟优秀者在一起，管理者可以研究优秀者是怎么做到的，然后把他的经验进行复制，让更多人学习。

其次，很多人有一个很大的误区就是习惯去研究失败，因为他们认为失败是成功之母。但事实上，我们说条条大路通罗马，可你总是在研究走不通罗马的路，就算研究了 100 条，也还是走不到罗马。所以，研究失败的人可以知道 100 条走不通的路，但还是不知道哪条能走通，而研究成功的人只要知道一条路走得通就足够了。

因此，我们说花时间去研究优秀者是如何做到的，然后把他的经验进行复制，这就是优势管理应该具有的思维方式，也是聪明高效的管理者所采取的做法。

成功的企业会把优秀的人作为标准。所以当有人问我怎么设目标、设考核标准的时候，我会告诉他，以优秀者为标准，任何一个成功的企业都是这样。

但是，很多企业现在往往不是这样做的，他们会把平均成绩作为考核的标准，比如去年全公司平均业绩每人是 100 万，所以今年的目标和考核标准就是 100 万；而优秀的公司就会研究去年那些优秀的业务人员每人的业绩是 300 万，那就以 300 万为目标、为基准线，只有这样的公司才能不断进步。

以优秀者为标准，向优秀者看齐，这就是成功管理的核心。

作为一个管理者，在每次布置完任务之后，应该问一下员工：你需要哪些支持？需要什么资源？

而作为一名下属，当你要向上级争取资源的时候，你就要学会思考一个问题，我得到资源后能给企业带来什么样的回报？

当你想去要支持的时候，去向别人要帮助的时候，一定要问自己，凭什么？对方为什么教你，你又凭什么获得别人花那么多精力研究出来的东西？一个人能做领导，他一定有与众不同的优点，那他为什么要教你，为什么要带你？

所以，当你去向别人学习、请教的时候，也要问自己这样一个问题，我能给他什么样的回报？没有人天生要为你的成功负责任，没有人会求着你一定让你成功，所以你想要获得资源的时候，一定要先想想这个问题。

在现实的生活中，有很多人要不到资源和支持，究其原因，就是他们一味从自己的角度出发，认为别人给你的支持都是天经地义的，没有感恩的心态，当然无法获得别人的帮助了。

在这个世界上，人几乎任何事情都可以做到，只是缺乏资源支持而已。

有一年，我受命为企业打开东北市场。

老总问我："容易，你去东北的话能做多少？"

我想了想，说："每年1600万。"

老总很担心："第一年就1600万，行吗？"

我说："肯定行，关键是配备什么样的资源。"

商量好之后，我又对老总讲了一句话："如果你能多给我一点儿广告费和促销政策支持，我估计能做到3000万。"

老总一听就有兴趣了，说："可以给你，只要你敢保证目标达成！"

别人拿不到的支持，我经常能拿到，很多人想不通为什么，其实沟通的秘诀在于我能清楚告诉对方我能给你创造什么价值。人的价值就在于，用最少的资源，创造最大的价值。

经常有人说："如果再给我配三个人，而且要给我多少钱、多少经费、多少广告费，我就能如何如何！"我一般就问他一个问题："如果真有这么多钱，真有那么多优秀人才配给你的话，那我还找你干吗，我找个广告公司不就完了吗？用最少的资源做最大的回报，这才是你价值的体现！”

很多人之所以不成功就是这个原因。失败有 1000 个原因，你做不成功，很轻松就能够找到一个借口。但是，成功只有一个理由，就是：我一定要成功，我一定要做到。因此，有支持、有资源，当然好，但是没有也要想办法去创造，这才是一个人成功的根本能力。

让兔子去跑，不要教猪唱歌，发现员工优势

一个人只有做自己擅长的事情，才能形成正向循环。

美国篮球飞人乔丹曾经有一段时间跑去打棒球，可是打着打着没成绩，他自己也觉得没意思，还不如回来打篮球，于是又回到了篮球场上，既能发挥优势，还能取得成绩，越干越开心。

一直以来，很多中国人传统的观念里面有一个很大的误区，那就是：只要你不断改正缺点，你就可以成功。但很遗憾的是，我们发现这个世界上所有取得卓越成就的人不是因为改善了缺点，而是因为发挥了优势。所以当我们不停盯着缺点，去改善的时候，你会发现我们身边的每一个人好像都是有

问题的人。如同在医生的眼里，看谁都是病人；在警察的眼里，可能看谁都有点儿像罪犯的样子，这是因为思维方式不一样。

很多管理者非常痛苦，因为他在管理当中有一个习惯，就是不断地去改正员工的缺点，其实这是管理中最大的浪费，因为江山易改本性难移。

作为一个管理者，我们要解决的首要问题就是如何发挥每一个人真正的优势。对人的观念要有所调整，一个人想在一个岗位上取得卓越的成绩，他要具备三个条件：第一，优势，或者叫天赋；第二，匹配，就是他的优势要和这个岗位的需求匹配；第三，优秀的上级，就是还要有一个好的领导、导师或者教练。这就是“成功三要素”。

成功的起点就是人的优势，也就是“天赋”。天赋，不能说一个人天生就是这样的，但是经过很多年重复同样的行为之后，他会养成这样的一个习惯。所以中国人讲三岁看小，七岁看老，到那个年纪以后就很难改变了。一个人能取得卓越成就第一个条件就是天赋，这在体育界是很明显的。

2008 年奥运会拿最多金牌的个人是谁？迈克尔·菲尔普斯，罕见的游泳奇才。

菲尔普斯的成功秘诀：

1. 身体：他的上肢特别长，而腿相对短，这使他在水中仿佛是一艘又细又长的帆船。菲尔普斯身高 1.93 米，但上身长度达到了 90 厘米，相当于一个 2.07 米的人的上身长度，他双臂展开达 2.01 米（普通人臂展跟自己身高差不多），每次划水都比别人要前进很多；他的脚也很大，鞋码达到了48码；还有他的大手，相当于2米高的NBA球员的手掌大小。

2. 乳酸：菲尔普斯血液中乳酸含量低于其他对手三分之一，而乳酸被认为是导致人体疲劳的物质，这意味着他休息20分钟就能达到对手休息1小时的状态。另外，普通人每天需要摄入的热量是2000卡路里，而这仅仅是菲尔普斯从饮料中摄取的热量。听说他一顿早餐吃了8个鸡蛋，每天摄入的热量是12000卡路里。

3. 肺活量：菲尔普斯肺活量达到15000，乳酸分泌却是正常人的一半，心脏供血量是30升，比正常人高一倍还多，所以不太容易疲劳。成年男性的肺活量为3500左右，即使是刚刚夺得奥运会男子400米自由泳冠军的朴泰桓也只有7000，足见菲尔普斯是天生的游泳奇才。菲尔普斯的脂肪含量比篮球巨星迈克尔·乔丹还低，众所周知，乔丹的脂肪含量几乎是最低的，只有4%左右，菲尔普斯还不到4%，这也使他更快、更有耐力。

4. 偏执：菲尔普斯训练如此刻苦是因为他憎恨失败。一次，12岁的菲尔普斯输给了一个和他同龄的男孩，他厌恶地抓掉对方的护目镜，一下子扔过游泳池的平台。他的教练鲍曼说："你会看到他总是迫不及待地跳入水中，他给自己的压力远远超过别人对他的要求，我尽量做到不喜形于色，尽管我为他的表现感叹不已。"

5. 刻苦：当然，仅有天赋而没有后天的努力是不会变成天才的，这一点菲尔普斯给出了最好的诠释："如果你休息一天，实力就会倒退两天。”这是菲尔普斯的座右铭，也是他教练送给他的至理名言。菲尔普斯一直深信：“如果浪费两天的话，也许就再也追不回来了。”高中毕业后，他大多数时间都是从早晨5点钟开始长达2个半小时的训练，午餐后稍稍打个盹，然后接着游，一直从下午3点半到6点。他每天游的距离近20千米，一直以来，他都坚持早上5点钟起床训练的习惯，从未间断，这是难以想象的。他就是这样近乎偏执地坚持着，以至于菲尔普斯在美国游泳队被戏称为“启明星”。更让人惊叹的是菲尔普斯的毅力，他在7年时间、2500多个日子中仅有5天没有下过水。正是在这样近乎偏执的努力下，菲尔普斯取得了令人仰视的成就。

6. 好教练：1996年，迈克尔·菲尔普斯11岁的时候，美国名教头鲍曼第一眼看见他游泳时就称赞其有着“无人能及的水感”，并在当年正式成了他的教练。

7. 热爱：“我可不是为了钱，我只是在做自己喜欢的事情。当我还是个孩子的时候我就梦想成为奥运冠军。”“如果教练和我是为了钱的话，我们早就不游泳了。我的大目标是改变游泳这项运动，让更多的美国孩子参与其中。”

难道拿亚军的运动员就不刻苦训练吗？动作不标准吗？企图心不够吗？当然不是，他们只是运气不好，遇到了比他们更有天赋的人，这些先天的因素是后天很难超越的。

所以，优秀的教练在训练前的第一件事情就是选苗子。人选不对一切白费！

管理也是一样的，人不止在身体上有天赋，其实人的思维、情感、沟通、行为等等都是有习惯模式的，而这些就是管理者在选拔人才时所要关注的关键点。

有两个人一起走路，结果同时掉到一口枯井里面，一个人摔死了，另一个人没有摔死，死的那个人叫死人，请问活的那个人叫什么？

活人？

发现没有，其实人的思维也是有惯性的！叫“救命”嘛。

人都是生活在各种习惯当中，吃饭、骑车、说话、看电视……

习惯无处不在。许多的重复行为构成了习惯，许多的习惯构成了性格，而性格决定命运！

如果仔细观察，我们不难发现，同样一件事情，每个人面对时的习惯反应是不一样的！这就是一种天生的东西。所以我们选人，第一个是选人的天赋，这是后天不能改变的，或者很难去改变的。每一个岗位都有适合的人，我们的任务是把他选出来。

如果你注意观察，你会发现，有些人可以长时间从事一些单调的、机械性、重复性的工作，有时候不停地做十几个小时都不觉得累，很有耐心、不急不缓；而有些人往往做个把小时就待不住了，总是想换花样，嫌烦，急躁，有没有这样的人？

假如您要选一个司机，您认为应该选谁？

我认识的一位企业家，找了一个部队退役的汽车兵做自己的司机，技术很好，但是，年轻人脾气比较火暴。结果有一次在高速公路上因为超速、强行超车而出了车祸，导致这位坐在车上的企业家付出生命的代价。他的朋友说，见过那个司机开车的人，都觉得迟早要出事。

我们选人的时候，往往比较看中有没有驾驶证、是否有经验、技术如何这些硬指标，而往往忽略了决定一个人能否持续表现优秀的是那些性格特点、习惯等软性因素。

凡是可以培训的部分，都不要作为选拔条件，而是选拔那些不可培养的部分，因为这些是难以改变的。

一些管理者总是试图去改造一个人，其实那是很困难的，浪费大量时间还没有得到效果。"让兔子去跑，不要教猪唱歌。"你教得很辛苦，它也学不会，而且它还不高兴。

哪怕同样的事情，不同的人得到同样结果的方式也是不一样的。同样是做销售，有些人成功是因为他的专业水平让客户信赖；有些人是因为服务细致周到而让客户感动；有些人是因为经常关心客户，经常送小礼物而拉近关系；有些人是因为亲和力好，客户喜欢他们；有些人是因为人品正直、诚信；有些人是因为和客户有共同的兴趣爱好；有些人……总之，条条大路通罗马！世界之所以美丽是因为有不同的色彩，尺有所短，寸有所长，每个人都有自己的特点，有自己的优势和劣势，关键是如何扬长避短。

每一个人都有自己的优势，天赋没有好坏，但是需要有适合的岗位。所以一个人在一个岗位上怎样才能持续地做得更好呢？关键在于他在他的岗位上、他在他的工作中能否发挥他的优势和特长。

有一个企业的销售冠军，老板提拔她做总裁助理，她干了一段时间后痛苦不堪、几欲辞职。老板很纳闷，员工也很痛苦，这个总裁助理早就写好辞职信，可又不好意思交，总觉得“老板这么器重我，我这样辞职多不好，对不起他的培养”。就这样痛苦挣扎了几个月。后来来到我的课程现场，在课程中，我给她做了一套测评。测评完之后，她就知道了所有问题的答案。

这个人最大的特征是：和谐。什么是和谐？就是这个人最害怕的事情是和别人有矛盾、冲突，她喜欢跟所有人都打成一片，跟所有人都能交朋友。这样的人在销售岗位上好不好？相当好。她跟客户的各方面关系都非常好。但是这个老总却偏偏任命她做总裁助理。而这个总裁助理主要干什么呢？劝退那些试用期不合格的新销售人员或者业绩不达标的员工。

以她的性格来做这样的事情，是非常痛苦的，干着干着就觉得很难受。用她自己的话形容就是：“说实话，有时候跟一个人谈完我真的觉得特别难受，我真想把自己辞了换他回来算了。”不是她的工作态度不端正，也不是她能力有问题，只是她本身不适合这个岗位，在工作当中不能发挥她的优势，也没有获得良好的体验。

经理的职责是什么？帮助你的每一位员工，在工作的时候，能够获得最佳的体验。什么叫最佳的体验？做自己擅长的事，做出好成绩，而且能够得到表扬。这叫正向循环、正向反馈。

管理的核心价值不在于改造一个人，而是发挥他的特点和优势。怎么样去发现一个人的优势呢？作为一个领导，你要学会去观察。

第一，看这个人的兴奋点。就是看这个人在什么事情上最兴奋，谈什么话题的时候最兴奋，他在这个点上有没有足够的、源源不断的创意或者很好的点子。

原来我们公司有一个财务人员。一次我们公司开营运系统会议的时候，我发现这个女孩子谈到财务工作时都没有什么想法，也没有什么建议，反正领导说什么，统统照做。但是当我们在谈到客户服务的时候，她却有很多好的主意和建议，还能主动发言，显得很有兴趣。我发现她在这个领域很有灵感，便在会议结束后找了个机会问她："当初你为什么学财务？"她说："我妈说的，女孩子最好学财务，考大学的时候，硬帮我填的这个专业，我也就去学了。毕业后找工作，想着既然学了这个专业就做这个工作吧。"

我问："你喜欢吗？"

她说："说实话不是太喜欢。"

我说："通过这段时间对你的观察和了解，我发现其实你很有服务精神，服务销售领域其实才是你擅长的。"

她一听立刻鼓掌，"容老师你讲得太对了，我也觉得干销售比较有趣。”

后来我把她调到客户服务部门工作，结果她干得很出色。

一个人在一个领域做得好不单是因为他学习的专业。学专业四年时间，但是你工作是几十年，如果你没有在一个自己有灵感的领域工作，就是一件很痛苦的事情。所以管理者要注意观察，员工在工作沟通、谈话当中，他对哪一件事特别有灵感和创意，为什么事情而兴奋。

第二，看一个人在哪一件事上面最有持续力。一个人可以乐此不疲干一件事干很久，他不会厌倦，这是他优势的体现。

我们公司原来有一位设计师。这个设计师原来是做销售工作的。有一次我在休息室休息，他在旁边玩电脑，看到我坐在那里他就跟我说：“容老师，请你看看我的设计。”

我很惊讶他有这么多作品，便好奇地问他：“我们工作这么忙，你什么时候做的？”

他说：“都是业余时间做的，经常晚上做到半夜两三点钟。”

我一看他做的很多设计都非常有创意，觉得他对设计方面特别有想法，所以就把他调到策划部门，不久之后，他真就成长为一名优秀的设计师了。

看一个人在哪些事情上特别有创意、有灵感。

千里马常有，伯乐不常有。这个世界上不乏人才，缺的是发现人才的眼光。一个好的管理者会不断地去观察寻找每个人适合的位置在什么地方，再把每个人的优势发挥出来，达到工作的最佳效果。

当然，人无完人，优势的背面就是劣势。面对一个人的不足之处，首先要判断，他的不足之处有没有影响到他的优势的发挥和工作绩效的取得。如果没有影响，那其实就不是劣势，只是领导的个人喜好而已，比如有些员工做事情就喜欢慢一点稳一点，并没有影响他的工作。真正的不足之处是影响到他的工作结果的取得，影响他的优势发挥，这才叫真正的劣势。

当员工有不足之处，有一些劣势的时候，不要试图彻底去改造他，而要学会管理他。劣势不能被改造，但可以被管理。

可以先配备适当的工具设备。用工作工具来弥补，就像一些残疾人走不了路而选择坐轮椅、电动车来弥补一样。

如果工具无法起作用，那就找搭档配合。搭档是要两个人互补的，这样才能产生好的效果。但要注意的是，需要调整好双方的心态。两个人能配合，说明他们两个人是互补的，互补就意味着两个人的个性可能不太一样甚至完全相反，这时候双方都要敞开胸怀，接纳对方，人最大的问题就是有时候接纳不了与自己不同的人。这就像婚姻一样，性格不一样的两个人结婚了，理由是性格互补，可当两个人要离婚时，理由就变成了性格不合。

再不行就调整岗位。如果确实不合适，而前两个办法又解决不了的时候，就应该做一些调整了。

人们很难一开始就找到最舒服的位置，很难一开始就找到完全适合自己的工作岗位。那么怎么办呢？学会去调整。一个人要学会在不断调整中寻找机会、寻找优势。就像睡觉一样，没有人是从睡觉到起床都一直维持最初的姿势固定不变的，一定是不断地调整，挪动，最后找到一个最舒服的姿势，终于舒服了，便可以睡着了。那么，在管理当中会有很多调整，一个管理者要勇于去调整，或者说是“折腾”，生命的意义就在于折腾。

现代社会中每个人都要学会在动态的变化当中寻找机会，因为这个世界唯一不变的就是变化。面对变化要学会保持一种积极快乐的心态。为什么一些人害怕变革？其实这是一种心理误区，好像一变化就会动了自己的利益，好像一变化就会让自己受伤。其实变化当中才有机会，在变化当中你有可能崭露头角，为什么不利用变化的机会去展现自己？一个人的结局是由他的行为引导的，而行为的背后是由思维决定的。

用过去的思维，你只能得到过去的结果，守着旧的思维，只能守着旧的结果，所以你要想改变结果，就必须改变思维观念。变化，也是一种思维观念的改变。一个优秀的人，要敢于折腾，要勇于接受折腾，在折腾当中寻找机会，在折腾当中发现自己的优势、劣势。

管理者要学会去观察、去调整，帮助你的下属去调整，去寻找他最佳的位置。工作不是一成不变的，管理者有责任根据具体情况动态调节。这才是有效的管理，这才是管理者的价值。因为人是不一样的，人是动态的，所以才需要管理者在其中起到协调、调整、优化的作用。

在日常管理当中，管理者在操作上有两个要点：第一，在团队里面要经常开会，打开心扉，促进大家互相了解，了解每个人的优势和劣势，让大家学会相互之间如何协调配合。第二，作为企业领导，要经常去询问一下管理人员，他的部门里面每个员工都有什么特点？看看他对人有没有敏感度和关注度。如果他对下属没有什么了解，那他就用不了人，不是一个好的管理人员，这就是一个考察管理者的管理水平的要点。学会发挥人的优势，才能创造最大的利润，但如何发现和发挥每个人的优势呢？这就需要管理者用心去观察、关注每一位员工的表现，挖掘出他的优势，不断地去寻找每个人身上独特的价值点，然后加以利用，让其在工作中发挥所长，创造价值。就像一个导演一样，他面对这么多不同的演员，每一个人风格是不一样的，要去挖掘他的特征和风格，挖掘他的色彩、挖掘他的闪光点。

管理思维发展到第四代“优势管理时代”的时候，它的管理思维模式和以前不一样了。以前传统的管理思维叫框架思维，公司里面有不同的岗位，每个岗位有分工，然后去寻找适合这个岗位的人。但人是不一样的，大家都被硬塞到这些框框里面，有些人勉强还塞得进去，有一些人无法塞进去，这是让人去适应工作。而优势管理的思维方式是反向的，优势管理更多的就像现在的七巧板的思维，寻找每一个人的特质，然后把他们拼接组合在一起，形成一个整体效果，这就叫优势管理，让工作去适应人，才是真正的以人为本。

优势管理强调一个人能成功不是因为弥补缺点，而是因为发挥优势。一个前锋之所以能成为顶级前锋，不是因为他防守很厉害，而是因为他进攻很厉害；一个顶级守门员，不是因为他进攻很厉害，而是因为他守门很厉害。人最重要的不是弥补缺点，我们过去花大量的时间弥补缺点，但是结果并不让人满意。最重要的是如何发挥你的优势。你让姚明花大量的时间学数学、学语文、学化学，那有多大意义呢？你还不如让他把篮球打好，这才能创造更大的价值。

优势管理要求每个人都要学会用欣赏的眼光来看人。有些人经常习惯用挑剔的眼光看别人，在他眼里看谁都不顺眼，看谁都不合格，看谁都有毛病，甚至看老板也觉得老板这不对、那不行，觉得自己的上司这样不行、那样不好，好像全世界唯自己最厉害。这样的人是团队的毒药。

学会欣赏才是最重要的！垃圾是放错位置的资源。夫妻之间婚姻失败，最大的原因是什么？试图去改造对方。老婆想改造老公，说你应该这样，应该那样，失败，老公受不了，不舒服；老公想改造老婆说你应该这样，应该那样，同样失败，老婆不舒服。人很难改变的，所以，学会去欣赏。夫妻和睦的核心秘诀之一就是：用欣赏的眼光仰视对方！看得比真实的高一点，看得比真实的更完美一点。

在企业里也是一样的，特别是作为一个管理者，看清楚下属的优劣势，然后进行管理，想办法去“补位”。什么是补位？别人的不足，才是你存在的价值。有人看到别人的不足就在旁边幸灾乐祸，挑三拣四，甚至落井下石；但是有人不一样，看到别人的不足，会主动弥补，因为他知道，你做不了的事情，我能做到，这是我对你最大的价值。尤其是你跟上级相处的时候，当你看到上司有不足的时候，你是批评指责还是去弥补？我想这个世界不缺批评者，但缺少“补位者”，聪明的人可以补得让上级离不开你，这样你的价值才是最大化的。对于前锋来说，最有价值的人不是另一个前锋，而是中场球员的支持，就像电视剧《亮剑》，团长李云龙很厉害，上级给他配了一个政委赵刚，两个人也曾经闹过矛盾，但是最后发现，两个人在一起，才能取得最好的成果，结果两人从冤家对头成了最佳拍档，谁也离不开谁。

失败的团队没有成功的个人。一个企业里面，管理者之间在搞内斗，到最后，谁都没有被提拔。为什么？因为这两个人在里面争来斗去，把业绩搞差了，谁都没有好处，所以两个人都不是好的管理者。

工作的关键是学会互补配合，弥补对方的缺点，这才是你存在的最大价值。你创造一种价值出来，让对方离不开你，这才是一种优势的思维理念。

管理者的职责就是：让你的员工在工作当中获得最佳的体验和良好的感觉，让他有机会做他最擅长的事情。

认可是工作的激情和动力

人都有被认可、被肯定、被赞美的需要。表扬就像一种催化剂，它可以点燃体内的能量。就像咖啡因、功能饮料，都有这种效果，可以像补充燃料一样，给人补充能量。

最新的生物科学研究表明，肯定和认可是一种生理的需要。这种感觉是一种化学反应的结果，当人在受到表扬、赞美后，会在体内产生一种化学物质，而这种物质将给人带来一种愉悦舒适的体验。这种物质在体内的保存周期是七天，当身体里缺乏了这种物质，工作激情就会消退，并会缺乏动力。它是一种体内的燃烧剂，一旦这种物质减少，就需要立即补充，否则会很难受。

既然是生理需要，那么当一个人没有得到肯定和表扬的时候，他一定会找别的途径弥补回来。

大家回想一下，过去在学校里面，为什么成绩不是太好、不被老师喜欢的孩子，喜欢去上网、去打游戏、去玩？因为他在学校里面得不到肯定，所以只能去另外一个地方寻求认可，玩游戏就是他找到成就感的地方。

为什么当一个人在事业上失意、挫折的时候，他会去酗酒、赌博？这和前面说的道理其实是一样的，他在这个地方得不到满足就会寻求其他的方法。所以，换句话说，如果你不能给你的下属足够表扬的话，你的竞争对手很乐意代劳；如果你不能给你的女朋友足够赞美的话，另一个男孩子愿意帮助你完成这个任务。

对于管理者来说，要认识到赞美别人就是管理工作的一部分。赞美其实很简单，但中国人有一个最大的特点，就是比较含蓄，有些东西不愿意表达，而表扬最基本的原则就是：具体、及时而且真诚。表扬一定要及时，现场发生立刻反馈，这是最有效的。

所以说，所有的表扬都必须立刻反应，这样下属才能知道做这件事对还是错。

表扬并不一定需要华丽的词语。表扬是要发自内心的、真诚的一种表达。有时候也不一定需要对方做什么惊天动地的大事情，一些小细节就可以进行表扬。甚至也不需要表扬的程度，只要表达你对对方的关注就会让对方很感动。所以，一些小事情、一些小东西都可以表达一种关注。

最重要的就是养成“正面语言”的习惯。

生活当中很多人讲话喜欢用“负面语言”：你这样做好傻，你人不好，你怎么这么笨……

“正面语言”就像贴标签一样：你能做得更好；我知道你是一个信守承诺的人；我相信你是个诚实的人……对方会知道，你对他的要求。人的语言其实就是不停地给对方一个潜意识的输入。

有些管理者经常骂下属：“你看你就像个乌龟，做事情慢得要死。”你骂多了，对方干脆就破罐子破摔：“反正老子是乌龟，我做快了还不符合你的期望。”

有些家长老是说：“这个孩子太讨厌了、太调皮了。”结果如果哪一天小孩子不捣乱了，他反而会觉得有点不正常。

生活中有些人吵架，拼命朝对方喊：“有本事你打我呀！有本事你打我呀！”结果搞得人家为了证明自己是“有本事的”，只好把你打了，自找麻烦。

工作当中也是一样的，你不断地挑毛病，员工就绝望了。比如你把“速度太慢了”换成“快一点，我相信你一定有办法再快一点”，他的想法就会变过来。肯定、赞美、及时地表扬会给人最大的动力。

我有一个朋友，他的女儿6岁多，练钢琴练得很痛苦。她妈妈是学校教音乐的老师，但小孩就是不愿意练琴，为此她妈妈骂她、打她，她也死活都不练。但奇怪的是每次我去她家，这个小女孩都拉着我到她的房间里面弹琴给我听。

她妈妈就觉得很奇怪："为什么你来了她就马上弹。我平时拿鞭子抽她，她都死活不弹？"

我说："你知道为什么吗？因为你是专家。"

她更奇怪了："什么意思？"

我解释说："你是钢琴专家，所以小孩子只要稍微节奏、音符不对，你就把她痛骂一顿，所以，在你面前弹琴全是痛苦的体验。我是外行，她弹什么我其实也听不懂，所以我只会不停地鼓掌，说好。她一弹我就说：太好听了。"

所以这个小女孩在我这里得到了极大的肯定。你只要肯定这个行为，她就会重复。

人都是这样的，你肯定他某一点，他会持续地重复这一点。

作为管理者请您回顾一下，过去一个星期内，你所有的下属都被你表扬过吗？你可以列一个名单好好检查一下，提醒自己。有事没事都要找机会庆功，找机会表扬。

还有一个很重要的表扬对象，就是你的上级！

有一句话说叫高处不胜寒。其实你的领导是特别需要表扬的，越是高层的领导就越容易有孤独感。聪明的下属应当多给领导鼓鼓劲。

有一位老板跟我讲："容老师，你看我们这帮人干来干去，干到最后，我们图个什么？谁都不会表扬我，晚上回家晚了老婆骂我，不回来孩子也骂我，干得好工商局又不表扬我，我们得不到任何的认可，有时候真的怀疑在这个社会上还有什么价值？”

学会表扬一下你的上级，上级亦是管理的一部分。

很多年前我在广州工作，有一次总监请我们部门去吃饭，不知道什么原因，他那天特别高兴，请我们吃了一顿龙虾。

回来以后我们就经常表扬他：“张总监，你看，你这么厉害一个人，你多体贴我们下属，经常请我们吃饭，一请就吃龙虾。”

这话我们不但和他讲，还不停地在全公司宣传，跟所有人都讲。结果，从那时候起他每次请我们吃饭就必点龙虾。

所以你希望别人做什么，你就学会表扬什么，这是一个很有效的管理措施。你表扬对方什么，他就成长什么，这个东西就像贴标签一样，贴上去对方就会照着做，哪怕他本来没有，也可以通过你的表扬而学会去做。

另外，表扬要大声地说出来，广而告之效果最好。

我有一个朋友，他在与太太的关系方面做得非常好。他一直跟他太太讲：“最聪明的、最有智慧的女人是不会检查老公短信息的。”他不停地当着太太的面跟我们所有的朋友都讲：“我太太是最聪明的女人，从来都不看我的短信。”结果他太太真就再没有看过他的手机。

这真的很有意思。

当一个人做得不好的时候未必要批评，但当他做得好的时候，一定要及时表扬。因为肯定、赞美是最低成本的激励！

投资员工的情感账户

请问，人是感性的还是理性的？感性的。

人是社会性的群体动物，人最害怕的是孤独，被群体抛弃。人只有在群体中才能获得安全感，因为在原始时代，从人的动物本能来说，当一个人被抛弃的时候，就意味着它在自然界的生存环境将会非常恶劣，必死无疑，所以人的这种本性就一直保留到了今天。人是群居的动物，人性的本质是需要别人关爱的，所以每一个人都需要周围人对他的关爱。

作为管理者，我们要去了解和关心我们的下属。

人最讨厌的就是"机器感"，就是被当作机器一样对待，只有冷冰冰的制度，在企业里只有一个没有意义的工号，这样他是完全没有归属感的。可是，一些管理者却不愿意真正去了解员工，只是一味地依靠惩罚制度、威胁来管理员工，或者只想靠物质、金钱来刺激员工，这样的管理效果是有限的、短暂的。

只会用惩罚、威胁是管理的无能，只会用金钱刺激是管理的懒惰！

每一个管理者都希望能设计一个好的激励机制，然后大家都会自发地去工作，这个愿望可以理解，可是我们必须清醒地认识到：有效的激励必须要有一个机制作为基础，不然肯定实现不了，就好像一辆汽车，设计好了发动机、变速箱、轮子，组合形成了一个良好的系统，但是，要想让这辆车动起来，必须持续地往里面加油让它燃烧起来。一个激励系统也是一样，要想让它运转，就必须不断地加油推动，而推动的燃料就是人与人的情感，领导与下属之间的沟通。

越是优秀的组织，哪怕机制设计再完美，都需要大量的人力来推动，任何时候管理者永远都是非常重要而关键的。越是优秀的组织，越重视领导力的培养。

真正的激励一定要走进员工的心！情感的影响才是最大的影响！中国的文化系统与西方的不同，所以中式管理和西式管理也有很大的区别。东方的管理是良知系统，西方的管理是契约系统。在中国，你要想真正激励一名员工，就必须走进他的内心深处，走到他的心里去，这样，你才能有效地去激励。

优秀的管理者要具备影响人的情感能力，这是一个基本要素。但如何才能走进员工的内心呢？

第一，平时要不断沟通，时刻关注员工的工作、生活状况。

人们怎么确认自己的集体归属感，怎么才能有团队的感觉？那就是对个人情况的了解。除了工作以外，员工还需要管理者针对其个人情况与其沟通，只有通过沟通，管理者才能感受到他身处在这个集体之中。通俗地说，就是你跟我关系好不好，你是否关心我，你是不是把我当朋友。

什么样的人才能成为朋友呢？有共同的经历、共同的语言，最有效的，莫过于有共同的秘密，这是人际连接的一个最深的地方。我们知道，有四种人感情特别好：一起同过窗、一起扛过枪、一起分过赃、一起上过床。同窗、扛枪那都是一起经历的，但一起分赃、同床的就是个人的秘密了，所以建立两个人的关系最快捷的方式就是交换秘密。

当然，不是管理者一定要和员工交换秘密，但是，多一些对员工个人生活情况的了解，才能体现管理者对员工的关心。

我们在北京的办公室，员工大部分都是外地人，如果有员工的亲人来到北京，基本上公司领导都会专门请其吃饭，去做一次沟通。其实不是为吃饭而吃饭，这是传递一个信号：我们对你的生活是非常关注的。

当然，平时如果领导出差去外地，也都会带一些当地的土特产回来分给员工，事情虽然不大，钱也花的不多，但是员工就会感觉到这个领导很贴心，很关心他们，无形之中就拉近了领导与员工之间的距离。

第二，要深入到一线，这样你才能掌握最真实的情况。

丰田的管理理念中有一条特别优秀的核心叫作现场管理，就是说主管一定要在一线了解现场的管理情况，不要总是高高在上，要远离办公室。

就拿北京来说，大家都知道在北京看病比较困难，所以卫生局就搞了一项活动，组织北京十大医院的院长匿名到别的医院去挂号看病。这些院长走完一圈回来，都在感叹，挂号看病真的是太难了！医院的服务太不人性化！以前他们不觉得，当他们自己以普通老百姓的身份体验后才有切肤之痛。

所以，一定要走进基层，走到一线，才能真正地了解和掌握现场的情况，才能了解员工遇到什么困难，他现在在想什么，有没有遇到什么状况、什么问题。

每一位优秀的管理者，几乎都是有过一线经历的人，尤其是在服务行业和营销行业。没有在一线历练过，就不可能在这两个行当里面做到高层管理人员。比如说沃尔玛超市，他们的店长都是从一线的工作当中深刻地体验经历出来的，还经常在一线搬货。

一些管理者也有一个顾虑：那就是在讲关心、讲人情的时候，会不会影响制度的执行？与员工走得太近、感情太好了，会不会影响到自己在工作中的执行力？

这就要求管理者学会做到平衡。

第三，中国文化中管理的核心模型：情感＋制度。

在讲情感的同时又要坚持制度，这里面最关键就是：管理者要带着情感去执行制度。也就是说在严格的制度管理处罚之外，还能感受到人情的温暖。

有的企业会有这样的规定：员工不能从公司借钱。可有的时候员工生活真的遇到了困难，急需要用钱，那怎么办呢？老板会把自己的钱借给他。这可谓是一举三得，既没有违反公司的制度，又解决了员工的燃眉之急，同时，还促进了管理者与员工的感情，体现了制度之外的一种情感关怀。

人都是群体性的动物，当你作为管理者在执行制度的同时，也要适当地给予员工情感的关怀。

有一个企业的总经理管理风格很硬朗，很刚性，当他执行制度或者狠狠批评员工的时候，都会让员工很难受。一次董事长看到以后，便把员工叫到办公室，跟员工讲："知道刚才为什么经理会这么批评你吗？为什么他这么严格要求你吗？其实都是为了你好，为了帮助你树立威信，你老这样以后怎么被提拔？"

所以要在情感上安抚员工，让员工能领会到严格要求后面的大爱，这就是良好的管理配合。

真正的激励永远是走进内心的。

因此，中国管理的核心模型是“情感 + 制度”，但是要想和员工最大限度地建立情感，就要走入到员工的生活中，真正体会他们的感受，这是一位优秀的管理者至关重要的基础。

给员工一个可以绽放的舞台

人都有成长的需要。

人的成长来自于哪里？模仿。人最有效的学习是通过模仿，所有的学习都是从模仿开始的，连打哈欠都会传染。小孩子的很多行为，注意观察，你会发现他身上有很多父母的痕迹。其实每个人从小到大的成长过程也是一样的，年轻人为什么会有偶像？人是通过模仿偶像进行学习的。对人的成长最大的推动力，就是来自于偶像的力量。

我们人生第一个偶像是谁？特别是男孩子，他人生的第一个偶像通常来说就是他的父亲。在一个 7 岁以下的小孩子心目当中，自己的父亲永远是最伟大、最厉害的人。然后孩子到十几岁会进入青春期、叛逆期，那个时候他突然发现，他父亲其实就是一个凡人，偶像坍塌了，所以他只好再找一个新的偶像来替代，什么周杰伦、SHE这些就出来了。但等到了30多岁，自己养儿育女了，突然间又能理解父亲了。所以每一代人都有自己的偶像，我们是通过偶像来学习的。

人的一生会有很多偶像，偶像的类型也多种多样。影视明星是偶像，选秀歌手是偶像，领导是偶像……例如20世纪70年代，人们的偶像就是雷锋、董存瑞、黄继光，然后到了80年代，偶像开始转型，时尚明星成为新的偶像，2000年以后，网络科技先锋又成了偶像。

所以崇拜偶像是一个正常的现象。你很难要求你的孩子不去崇拜偶像。偶像崇拜在人生长的某些时期是必然存在的，所以既然我们不能改变这种现象，那就善加利用。

这里的核心环节就是：榜样+激励。

要了解员工的需求，了解他的发展规划，要给他不断地树立一个榜样，这是他进步的方向和动力。

为什么老员工往往没有激情、无法把潜力发挥出来？其实很重要的原因就在这里。

第一，一些企业薪酬机制设计上有问题。薪酬设计可能是死的，比如一个岗位的工资是固定的，既不涨，也不降，时间长了，员工自然就没有动力了。只有把空间拉开，你做得好可以给你更多，做得不好还要往下减，有一个幅度出来，这样才有弹性，也才能挖掘出员工的潜力。

第二，有些员工工作做得好之后就会骄傲自满。这种情况下就要给他树立更优秀的榜样。比如他在公司业务做得很好，你就可以问他，你在部门里面做得很好了，你能不能做到全公司第一？你是全公司第一了，那能不能做到集团第一？全国第一？全亚洲第一？就算你做到全亚洲第一了，还有世界第一在等着你。其实，人就是在一个不断挑战的过程中成长和进步的。

这就好比运动员，如果拿到全市运动会冠军，就可以代表市队参加省级运动会；如果拿到了省运会冠军，就可以参加全国运动会；如果拿到了全运会的冠军，就可以加入国家队，代表中国参加亚运会；如果拿到了亚运会冠军，还有参加奥运会的机会。比赛的级别越高，对手的水平也就越强。

因此，对于不断迸发出灵感，创造奇迹的真正有能力的人，就要不断给他设立更高的目标，让他去挑战。

当面对员工要求增加工资的情况时，有的管理者会感到害怕。其实我觉得员工敢要求加工资是一件好事，作为管理者只要在这个时候，将工作的要求提高便行了。

有一种批评员工不会反感，那就是站在成长的立场去批评他，他就不会反感。批评你是为了你好，批评你是为了你成长。为什么父母批评孩子，甚至打孩子，孩子不会记仇？因为父母打我们是为我们好，想让我们更好地成长。所以上级批评下属，一定要站在成长的立场上，让下属不反感并愉快地接受批评。

假若你上班总是迟到，领导批评你不是因为你总是迟到，而是因为你的职业习惯不好，会影响你未来一生的发展。

写报告你总是错别字百出，领导就会想：你现在在我这儿没有问题，但是你以后到了更大的企业、更大的平台怎么办？这会影响你一生的发展。

你现在总是瞒报发票，不是我不给你报，也不是我小气，但这是一个职业习惯。你以后到别的企业怎么办？

这些是批评，但背后是领导对员工成长的希望。

其实绩效考核的本质就是：区分。不断地拉开差距，拉高标杆，不断地把人进行区分。一定要让你的员工去创造奇迹，第一个爬上珠穆朗玛峰的人是英雄，难度非常大。但是，一旦有第一个人突破了，后面的人再爬就会比较容易。今天你再爬珠穆朗玛峰，只要稍微训练一下便可爬上，它已经不再是一个难以逾越的高度了，因为第一个人到达以后，他会把成功的经验跟所有人分享，后面的人只要按照他之前的套路去做，按照他的路径去走就可以了。

我们一定要不断地拉高标杆，你的企业只要有一个人能创造月收入 10 万元，相信过不了多久，一定会有一批员工都能达到这种水平，这个行业的水准也就会随之拉高。

也许以前员工从来不敢想象月收入 10 万元，觉得那是不可能的，但是，现在只要有一个人做到，大家就会发现原来这个是可以实现的。以优秀为标准，不断地拉高标杆，企业从中会获得更大的利润，员工也会有所成长与进步，这是实现企业与员工共赢的一条道路。对那些有能力的员工，一定要告诉他们，你可以挑战，我会不断给你提供面对更大挑战的机会，让他们在鼓励下实现突破，让他们成为其他人的榜样。

榜样的力量是无穷的。当企业拥有这样一批榜样的时候，那么企业拥有的优秀人才绝不会再是一小部分，会有更多的普通员工逐步成为优秀人才，这样就会形成良性循环，这些通过模仿榜样而成为优秀者的员工，在模仿的过程中，也会积累独立成长的经验，在未来他们也会成为后来者的榜样。

因此，要不断地鼓励那些优秀者，让他们更优秀，不断地突破，树立标杆，树立神话。记住，所有的风潮都是神话引发的。

20 世纪 90 年代中国最热门的行业是什么？是信息产业。为什么信息产业热成这个样子？这是偶像的力量。为什么信息产业在全世界蓬勃发展？它背后也有偶像的力量，比尔·盖茨创造了第一个神话：大学没有毕业，二十几岁，年轻小伙子，不需要太多阅历和社会背景，不需要长时间地积累，不需要在街头摆地摊，只要喜欢电脑，一个世界首富就这样诞生了。于是，很多年轻人都喜欢干 IT、做网站，这就是偶像的力量，盖茨树立了一个榜样。

现在的马云也是一样的，他被称为中国的创业教父，成了创业者的偶像，于是，大批的年轻创业者开始在淘宝网上面创业。

所以说，老板是企业里最好的偶像，特别是对于创业初期的企业来说，与其树立别人为偶像，不如将自己树立成员工的榜样，这是非常重要的一件事情。你的远景、你的梦想可以去吸引和培养优秀的人才。当一个老总产生小富即安的思想的时候，当你觉得这个行业没有发展了的时候，一个致命的灾难正在降临。你就会发现，你的人才开始流失，以前成熟的系统也会变得不再完善。因为顶级人才都具有远大的理想，他不在乎你现在公司的大小，关键是你以后能不能做大。如果你自己都没有做强做大的想法，别人和你一起做会看不到希望，会觉得没有什么前途。

所以，企业家其实是承担最大压力的人，他要不断地将公司做大，让公司有所发展。而越往上走，梦想越大，也就越能吸引优秀人才跟你一起做，这是一件很奇妙的事情。

优秀的管理者都有这样一个习惯，经常会去问员工：“你的职业规划是怎样的？你三年后、五年后打算做成什么样子？”要不断地去挖掘员工的梦想。

管理者是一个桥梁。首先要了解员工的规划和梦想，然后把他的梦想和企业目标进行适当的结合。也就是说，让员工在实现自己梦想的同时，也能达到企业的目标，这就是桥梁的作用。而管理者是通过帮助企业和员工达成各自目标来达成自己的目标的。

管理者要鼓励员工有梦想和规划，同时也要告诉他，他要做到这些，需要具备哪些要素。因为他没有经验，他不知道达成目标需要具备哪些东西。管理者要告诉他各种需要的能力，帮他做一个适合他的规划，这样，他就会自己找准方向。但是最重要的是不要去打击他，要给他一个榜样，让他不断成长。

人都是因为偶像而成长，其实管理者才是下属最好的偶像！

前面六项构成了管理的第一部分，是管理的及格线。这六条如果管理者都能做好，那么他已经算是完全及格了。

归属感：人人都是企业的主人翁

你希望你的员工有主人翁的感觉吗？

这个感觉是怎么来的呢？就是从提建议当中来的。我能不能影响这个团队？我的建议在这个团队有没有价值？我说的话能不能受重视？

任何一个人，只要他融入一个团队当中，他就会希望为这个团队做出一点儿贡献，并得到大家的认可，而提出意见与建议，是他的一个重要的参与手段和过程。因此，在工作中，管理者要鼓励员工大胆地去参与。

小孩子为什么没有主人翁的感觉呢？就是因为小孩子不管提什么意见，大人都说："小屁孩，你懂什么？"

在我16岁生日的时候，爸爸就告诉我："从今以后你算是成年人了。"

我问："什么叫成年人？"

爸爸说："成年的意思就是以后我们家任何家庭决策都会征求你的意见。"

我一下子主人翁的感觉就上来了。我以前不太关心家里的事情，但是当爸爸跟我说完这句话的时候我就开始特别关注了，我们家应该怎么样做得更好，我开始积极参与家庭事务。

当你真正地把一个人当成家庭一员的时候，你就会去跟他征求意见。一个团队也一样，你如果希望你的团队成员真正有主人翁的感觉，第一件事就是在做重要决定前向他征求意见。人不愿意仅仅被当成一个机器。

有一次我的一个拍档问我："我们怎么样能成为一家人，我们怎么样才能成为一个真正的团队？"

我说："你觉得怎么样比较好？"

他说："如果你真的把我们当作一个团队的话，很多事情你应该征求我们的意见。哪怕你做了决定，你之前也应该跟我们通个气或者征求一下我们的意见。老是你自己一想就拍板了，那我们觉得自己就是一个执行者，这样就觉得没有什么太大意思，这个事业不是我们的。”

从此以后，基本上在我做所有的重要决策之前，哪怕其实我心里已经大概有了方向，我也会去征求每一个人的意见，去与他们沟通，让他们有主人翁的感觉。

人人都喜欢有参与感。

第一，人们更喜欢执行自己提出的建议。

聪明的管理者要学会一件事，就是把你想让他做的事情，转化成一系列的问句来引发。你觉得这件事应该怎么做？假如你要做，你会怎么做？接下来第一步是什么？第二步是什么？……变成一个个问题引导他，最后变成他的想法，这样效果会更好一些。

以前办公室的规定是迟到要罚款，很多员工感觉不是太好，其中一个主管就反映上来：“我们能不能不罚款？”

领导问道：“那你觉得应该怎么办？”

他说：“罚款员工很抵触，还向大家抱怨，搞得一天心情不好。”

“如果迟到不被惩罚，是不是对按时上班的人不公平？会不会大家都迟到？假如你来处理，你会怎么办，既让迟到的人受惩罚，又不影响大家的情绪？”

“呃，最好是对其他人有好处。”

“具体说说怎么做？”

“要不这样，把迟到的人的罚款变成乐捐，然后买水果零食给大家一起分享。”

“很好，然后还做些什么？”

“还可以让迟到的人亲自送给大家，大家还感谢他，这样氛围就更好了，他再抱怨别人也不会附和，而且因为是请大家吃东西，迟到的人也不好抱怨什么。”

“那就立刻执行吧！”

第二，真正的智慧在一线人员。

最了解客户的人是一线的员工，最了解生产现场发生什么问题的是车间工人，最知道一部车会出什么状况的是司机。所以，真正的智慧永远在一线，只不过很多一线人员不愿意去了解，或者了解了也不愿意提出来而已。

一家牙膏厂在设备改造升级后遇到一个技术难题：塑料做的牙膏管是有弹性的，无论里面是否填充了牙膏，都是很饱满的，没有办法用肉眼来判断这支管到底有没有装满。虽然灌装线上98%左右的牙膏管都能被填满，但总会有一些空管，那怎么办呢？

厂家花了很大费用请来了很多专家来研究解决这个问题，他们在工厂里面反复研究，最后提出一个解决方案，那就是在生产线最后检测的部分，加一个X光机，像过机场安检那样，探测一下就知道了。可这样一套设备真的是价格不菲啊，而且还会产生很多维护费用。

一个在生产一线工作多年的老工人，看到那些专家在那里忙来忙去，又测试又调查就觉得很奇怪，问他们在做什么。知道了事情的来龙去脉后，老师傅哈哈一笑，说："你们搞得那么复杂干什么？我有一个最简单的办法，1000元就能搞定了。我们只需要买两个大鼓风机放那儿吹风，没有装满的牙膏管会很轻，把风力调整到合适的程度，牙膏管只要没有达到要求的标准重量，风一吹就吹走了，不就解决了。"

真正的智慧永远在一线，离问题最近的人才知道怎么解决问题。华为的总裁任正非曾经在一篇文章中说："华为下一步改革的方向，就是让听得到炮声的人来做决策。"在这里，我们都知道，所谓"听得到炮声的人"是一个比喻，所指的就是那些在一线工作的人。为什么华为要这样呢？因为，让一线员工来做决策，是最有效的，他们是最了解市场的。只有这样，才能让整个组织变得灵活起来，组织的应变力也才能提高。所以说真正的智慧永远在一线，一线员工会提出很多出乎意料，但是让你觉得非常有创意的解决方案。

丰田管理的核心哲学是什么？就是现场管理，到一线去。在一线你才能真正地理解问题、解决问题。创建了两家世界500强企业的日本“经营四圣”中唯一健在的稻盛和夫，在讲他的经营哲学的时候，一直强调一个理念，到一线去，他说：“所有管理者，你要想解决问题必须到一线去，深入一线你才能解决问题。”

所以优秀的企业管理者都非常注重深入基层一线。娃哈哈老总宗庆后一年有200天的时间深入市场一线；腾讯的总裁马化腾每天要花十几个小时试用他的产品；史玉柱每天花12~16个小时玩网络游戏，与玩家交流，所以他能深入地了解一线，了解所有的状况。

第三，只有员工想提建议的时候他才会去思考、去规划。

这个也是领导者在识别考察员工的投入度、对事业的热情度、对管理的领悟力等等方面的一个非常好的方法，在这个过程中领导者一定可以深入地了解他的员工，有助于他选拔有潜力的人才。

管理者要倾听一线的意见和建议，主要有以下要点。

养成一种工作习惯。每次布置完任务以后，或者沟通之后，都要习惯性去问员工有什么好的办法、有什么好的建议、怎么改善等。

经常总结。因为总结就是一个改善和学习的过程，成绩和进步都是总结出来的。管理者要养成定期做总结的习惯，通过总结寻找改善方案，每次重大工作完成也要及时总结。总结不要变成走过场，而是要让所有参与的相关人员一起来进行，总结后还要形成正式的书面文件，把经验固化下来。一个优秀的组织不是不会犯错误，但绝对不犯同样的错误。

如果想得到真实的意见和好的建议，管理者要学会闭嘴。讨论型的会议中一个基本常识，最高领导或者在场的最高决策人，一定要等到最后才发言，永远不要先开口，这样他才能听到最真实的声音。作为领导人，只要一开口工作的方向就等于确定了，一旦领导表态了，那么下属的发言就会失真，要么有些反对意见不再提出来，要么只是附和而已。

所以，领导一定要沉得住气，做决策之前尽量广泛征求意见，而且这个过程不要怕长，要多一点时间去思考。在没有把握、没有经验、不太了解的情况下，尽量不要立刻做决策。如果当场拍板的话，对象是你熟悉的东西、熟悉的事情那当然没有问题，但特别陌生的事情，盲目拍板有可能会在信息不充分的情况下让你蒙受不必要的损失。

史玉柱的经商法则之一就是：做样板市场一定要有足够的耐性，要仔仔细细地把市场上的每一个问题都研究透；做全国市场的时候，速度就一定要快，不给对手乘虚而入的机会。当然，在向一线员工征求意见的过程中，一些管理者会遇到一个难题：由于角度和经验限制等原因，有时候员工的意见不一定是对的，他们提出的建议不一定能采纳，这个时候应该怎么办？关键是不要打击员工的积极性。

对于员工的建议可以选择性地采纳。就是从员工的建议当中选择一些可以采纳的部分，立刻采用，并且公开表扬提建议的员工。对于一些暂时不能马上采用的建议，要记录下来，经过研究后在一定的期限内给予回复；对于一些确实不能采纳的，要及时与员工沟通，解释原因，可能是因为有些情况他们不了解，或者角度不同所造成的。

关键是要尊重员工的意见，怎么体现尊重呢？这就需要及时的反馈。员工提的意见必须给他一个反馈，不管你是否采纳。没有反馈员工就会失去兴趣，就调动不了他的积极性，如果一个人提意见，提一次、两次、三次、四次，都石沉大海，那么他就再也不会提了。

经常进行观念宣导教育。从开始就要向员工说明，上级有决策的权力，因为决策意味着承担责任。作为上级，他的思维角度不一样，所以就有权力决定是否采纳每一位员工的建议，并且他也会为他的决策负责任；同时，下级有提建议的义务，提建议是你工作本身的一部分，是一个工作的指标。如果总是不提建议，或者提不出好的建议，说明这个员工对这个岗位要么没有兴趣或没有能力，要么在这方面没有投入思考。因此，也许这次提出建议没有被采用，但作为下属还是要不断地提各种各样的建议，然后上级有选择性地采纳。这是一种工作的习惯和理念。

提建议是一种参与的态度，提得好不好则是能力问题，有时候，态度比能力更重要。

为什么很多管理者会觉得累？因为下属没有发动起来，员工就像机器一样，你推一下，动一下；点一下，动一下，他自己不去主动思考，这样的话，经营企业会很辛苦，做管理也会很辛苦，管理者需要不停地自己想办法，要不停去推动企业发展。最好的管理是让员工动起来，他们自动自发地往前走，那你的管理就会很轻松。那怎样才能让员工动起来呢？他必须要有参与感，他要参与其中，要投入进来。

给工作一个伟大的理由

人都有追求伟大的心理需求，人会寻求一种对更高目标的贡献，那是一种对信仰的追求。

一天，一位记者到建筑工地采访，分别问了三个建筑工人一个相同的问题。他问第一个建筑工人正在干什么活，那个建筑工人头也不抬地回答："我正在挖地基，我要养家糊口。"

他问第二个建筑工人同样的问题，第二个建筑工人回答："我正在盖房子。"

他又问第三个工人，这次记者得到的回答是："我在为大家建造漂亮的城市。"

记者觉得三个建筑工人的回答很有趣，就将其写进了自己的报道。

若干年后，记者在整理过去的采访记录时，突然看到了这三个回答，三个不同的回答让他产生了强烈的欲望，想去看看这三个工人现在的生活怎么样。

等他找到这三个工人的时候，结果令他大吃一惊：当年的第一个建筑工人现在还是一个建筑工人，仍然像从前一样砌着他的墙；而在施工现场拿着图纸的开发公司的老板竟然是当年的第二个工人；至于第三个工人，记者没费多少工夫就找到了，他现在是城市建设局的局长。

第一种人很悲哀，为了生存而干活，工作仅为了生存，少了进取的乐趣。

第二种人有想法，可惜缺少远见。

第三种人有梦想，人生因梦想而伟大，心怀梦想的人终有一天能梦想成真。

他们的结局不一样，是因为起点的想法和目标不一样。

工作有很多种类型，最基本的叫生活手段，在有些人眼里，工作就是一个谋生的手段。第二种，有人把工作看作一项事业，并当成一项事业来追求。

第三种，是工作的最高境界。把工作看作一种使命，赋予它一种信仰，这样的人才有无穷的动力，才有更高的品质追求。

人的成长与目标的高低有密切的关系。

哈佛大学做过一项研究，对某届的毕业生做一次追踪，首先让每个人填了一份关于人生目标的调查。

结果是这样的：27%的人，没有目标；60%的人，目标模糊；10%的人，有清晰但比较短期的目标；3%的人，有清晰而长远的目标。

25年后，哈佛大学再次对这群学生进行了跟踪调查。结果是这样的：3%的人，25年间他们朝着一个方向不懈努力，现在几乎都成为社会各界的成功人士，其中不乏行业领袖、社会精英；10%的人，他们的短期目标不断地实现，成为各个领域中的专业人士，大都生活在社会的中上层；60%的人，他们安稳地生活与工作，但都没有什么特别成绩，几乎都生活在社会的中下层；剩下27%的人，他们的生活没有目标，过得很不如意，并且常常在抱怨他人、抱怨社会、抱怨这个“不肯给他们机会”的世界。

其实，这些之间的差别仅仅在于：25年前，他们中的一些人知道为什么要工作，而另一些人则不清楚或不很清楚。

你能立即告诉我，你想象得到你5年后的样子吗？

请记住，人们对于伟大的目标情有独钟。

根据马斯洛需求层级的研究，人有五个层次的需求，最低的需求是生存需求，其次是安全，然后是归属感，更高的是获得尊重，而最高的需求是自我的实现。一个人在工作当中他最终追求什么呢？每个人都通过一项工作、一个贡献来体现和实现自己的社会价值。人有信仰，这种信仰就是对更高目标和使命的贡献。当一个人为信仰奉献的时候，他甚至不惜牺牲生命的代价。

伟大的人生都是为使命而奋斗的，而对伟大的企业来说，产品就是一种信仰。上至领导下至员工对自己的企业、自己的产品都充满了狂热的崇拜、近乎偏执的追求，可以将之作为一种信仰来看待。例如，苹果公司的乔布斯、英国维珍集团的布兰森、英特尔公司的葛洛夫、拍出《阿凡达》的导演卡梅隆……

优秀的管理者一定知道，让员工为企业的使命而工作。而企业的使命，体现在为客户创造的价值上。

特别要注意的是，工作的使命感不是由员工自己来定义的，它是一个从上至下的过程，是由领导来定义的，是由领导来赋予的。这一点和本章中其他十一个问题刚好相反。使命感是一种主观的感受，它跟工作本身没有关系，不管做什么工作都可以找到使命感和意义。

有一个做冰激凌的工厂，他们招聘的全是社会下岗女工。原来她们做冰激凌只是为了赚点工资养家糊口，没有什么激情，而且工作懒散，觉得自己没有什么前途，得过且过。冰激凌厂的厂长发现了这个情况，就去问她们一个问题："冰激凌是给谁吃的？"

"小孩呀。"

"小孩都怎么吃冰激凌？"

"舔着吃。"

"那你们看小孩舔冰激凌的时候是什么样子？"

"笑、快乐、开心、高兴……"

"冰激凌带给小孩子一种什么样的体验？是快乐。就是说，大家今天做的不只是冰激凌，而是最终会带给小孩子一种快乐，所以大家也是在制造快乐的产品，请大家在做的时候想想你给孩子吃你做的冰激凌的样子。"

从此，这些人的工作动力就不一样了，她们觉得自己做的这件事情很有价值和意义，从内心油然而生出一种自豪感。

伟大的组织都源自于伟大的使命，伟大的使命带给组织源源不断的动力。

革命时期，中国共产党的使命是推翻三座大山，实现民族富强；

阿里巴巴的理想是让天下没有难做的生意；

海尔的理想是要把民族品牌打造成世界品牌；

万科的理想是为中国的中产阶层建造高品质的房子；

麦当劳说我不是卖汉堡的，我是给孩子带来快乐的地方；

迪士尼说我不是游乐园，我是使成年人回到童年的地方；

……

你公司的使命是什么？你员工的工作动力在哪里？

再小的企业也有梦想的权利，再基础的岗位都有使命的召唤，再伟大的梦想也是从小开始的，再长的路都是一步一步走出来的。使命要从领导的内心去寻找。当初你创业的时候你的动力或者理想是什么？很多人做着做着就把最初的理想给忘记了。回顾一下你最初的理想，最初的动力来自于哪里，因为这是你职业使命的起点。然后，再看看你带给客户的最大的价值和贡献在哪里，这个是使命的落脚点。企业是因为客户而存在的，永远要把客户放在第一位。

一个好的使命有以下特点：

第一，它一定是有行业和企业特质的，一定要让别人一下子就听出来你是在做什么的。

第二，在语言上一定要让大家觉得很容易理解和传播。

第三，要有很强的感召力，能让员工听起来有激动、兴奋之感。

第四，要得到客户和员工的认同，领导也要发自内心地认同。

当企业的使命定义好以后，最重要的工作就是：天天讲、月月讲、年年讲，不停宣导。没有被大家知道的使命是没有价值的，只是挂在墙上的装饰品。要想让使命真正地发挥作用，必须广泛宣传，深入每个人的内心，这样使命才会转化成为工作的动力。

每一个人都有远大的理想，所以每一个岗位都有伟大的使命，工作本身是没有差别的，不同的是如何看待这个工作。

企业有使命，个人也有使命，你这一辈子、你的一生，你希望自己最后怎么样被后人评价？你希望 20 年后、30 年后，当你退休的时候，你要跟后辈讲什么样的人生故事？人人都是赤条条地来，赤条条地走，什么都带不走，你能给社会留下什么，能给这社会贡献什么？这些是每一个人都要去思考的问题。

如果每一个人都能认识到自己工作的价值和意义，每一个人都能为了使命而工作，每一个人都能在工作中实现自我价值的升华，那么这样的组织将是战无不胜的。

每一代人都有每一代人的使命。今天我们身处商业时代，作为一名在商业世界奋斗的中国人，我们更应该清楚我们所身处的时代，我们所肩负的历史使命，我们这一代中国的企业人的历史机遇。

根据专家预测，中国也许能在 2030—2040 年之间超过美国成为世界第一大经济体，下一个 30 年，将是实现中华民族伟大复兴的最激动人心的、跨越性的 30 年。如果说上一代中国企业人奠定了中国经济的基础，那么我们这一代企业人将是承上启下，见证伟大历史时刻的一代人，这样的历史机遇千载难逢。虽然今天处于转型期的社会也许还有很多现象不如人意，但这正是我们的责任，是需要我们去努力的地方。

所以，给你的工作一个伟大的理由、一个伟大的梦想，把一件小事情变成一件伟大的事情。

全力以赴，不找任何借口

我的同事们致力于高质量的工作吗？

这是管理中最大的挑战！这也是管理者从优秀到卓越的分水岭。

劣币驱逐良币原理（也称格雷欣法则）：两种实际价值不同而名义价值相同的货币同时流通时，实际价值较高的货币，也就是“良币”，必然退出流通——它们被收藏、熔化或被输出国外；实际价值较低的货币，也就是“劣币”，却充斥市场。

通俗地说，就是如果假币可以和真币一样流通的话，那么一段时间后市场上就只剩下假币，而真币反而会被淘汰。

“劣币驱逐良币”的原则不仅存在于货币流通中，社会生活的方方面面也都存在着类似现象。比如，我们可以把不讲诚信的人比喻成“劣币”，讲诚信的人比喻成“良币”，当一个社会中不讲诚信的人能够获得巨大好处，而又不受到什么处罚时，讲诚信的人就会越来越少，“劣币”就这样驱逐了“良币”。同理，如果假货“劣币”在市场上不受处罚的话，那么真货“良币”就会越来越少，直到消失。

在一个团队当中，当有人不全力以赴的时候，就会降低整个团队的效率。

在拔河比赛中，如果每边只有一个人，这个人会用出 100% 的力量；如果每边都有二十个人，可能其中的每个人都只用了 80% 的力量。

宁为玉碎，不为瓦全

在团队当中，当有人发现别人的不良行为不被惩罚的时候，他会产生一种报复心理，虽然做出不良行为对自己没有任何好处，但为了报复，他还是会选择做出不良行为，哪怕自己会因此而受到影响。例如，如果团队中有人经常迟到却没有被处罚，那么，其他人也会选择迟到，虽然迟到对自己没有任何好处，但他还是愿意用迟到报复别人，以让自己心理平衡。宁可自己没得好处，也不愿意让别人占到便宜。

问题是，在团队中，当一个人能力不行、工作品质差、效率低的时候，一般而言这个人是不会自己主动离开或者自我惩罚的。这个时候就需要我们的管理者出手来解决这个问题，给予处罚，从而保证整个团队高质量的工作水准。

一个团队里面如果有人长期达不到标准，还能被纵容留下来的话，那么他会伤害整个团队的工作品质。那些工作努力，或者勤勤恳恳，没有犯什么错误，但就是没有成绩的员工，很容易被忽略。

我之前的一个助理，他各方面都不错，心态也很好，但就是办事速度太慢，这主要是个性方面的原因。当时我们整个管理团队都在反映他办事比较慢，我听到以后，就给他一个月时间整改，结果一个月之后我得到的反馈还是说他没有改善，我就及时调整了他的工作。因为如果我不处理，其他人的工作节奏都会跟着慢下来的。

对管理者来说，最难过的是心理关！因为你要严格要求别人，这对自己的心理挑战是很大的，这种挑战有些管理者很难承受。

曾为中国田径运动创造过辉煌成绩的“马家军”，他们的运动员几乎每天都要跑一个马拉松。大家可以想象一下，有没有这种可能：早上六点钟，教练叫大家起床跑步，队员们一听，哀求教练，今天天气不好，休息一天吧，就一天就可以了，保证明天继续训练！这样的话从队员的口中说出来并不难，但这个时候压力和挑战最大的是教练而不是队员，如果教练答应了，可能就会有第二次，可能就不会有后来的世界冠军了。

管理者要严格要求下属，要保证整个团队的工作质量，这过程中最大的挑战根本不在员工身上，而是在管理者自己身上，这是管理当中最难的地方。因为很多管理者拉不下面子，不好意思去处罚员工。

在内蒙古，我见过一个养鹰的人，他告诉我养猎鹰的过程中有一步叫“熬鹰”。就是拿那只鹰来摔打，不停地折磨它、打它、让它饿肚子。特别是小鹰，在还没有长好的时候，就把它拿到高处让它重重地摔下来，反复不停地摔它。只有经历了这个过程，这只鹰最后才能真正成为一只雄鹰，成为天空的霸王。

同样的道理，特种部队与普通部队的最大区别就在于训练的强度不一样。

玉不琢不成器

管理者如果希望下属能在激烈的竞争中取得胜利，就必须严格地要求和训练他们。这个过程必定是残酷的。

管理是残酷的爱。

对一个人的爱有小爱和大爱的区别。小爱就是纵容、溺爱，对你的员工的工作品质无所谓，做什么都宽容他，随便放纵他，让他现在过得很舒服。

什么叫大爱？大爱就是严格地要求、管理员工，使他们养成良好的职业习惯，具备真正的竞争力，这才是真正为他们负责任。所以管理的挑战就在这里，你能不能坚持，你能不能维持高的标准和要求。没有经历过这种心理煎熬，没有处理过不合格员工的管理者，就不能算是成熟的管理者。

名师不一定能出高徒，只有严师才能出高徒！

沉没成本

沉没成本是指由于过去的决策已经发生了的，而不能由现在或将来的任何决策改变的成本。人们在决定是否去做一件事情的时候，不仅是看这件事对自己有没有好处，而且也看过去是不是已经在这件事情上有过投入。我们把这些已经发生不可收回的支出，如时间、金钱、精力等称为“沉没成本”。

举例来说，如果你预订了一张电影票，已经付了票款且假设不能退票。此时你付的钱已经不能收回，就算你不看电影钱也收不回来，电影票的价钱就算作你的“沉没成本”。或者你花巨资买了一双名牌鞋，事后却发现极不合脚，但为了对得起花出去的钱，无论脚如何受苦，也一定要百般强迫自己穿着出门。

所以不应当为打翻的牛奶哭泣，是因为打翻的牛奶是“沉没成本”，也是过去成本，是无法弥补的损失，再怎么哭也哭不回来。当你做决策的时候，学会忽略“沉没成本”。

但偏偏人的心理习惯是：付出越多就越舍不得。

有一次我在郑州讲课，一个学员问我："容老师，我做这个行业做得很辛苦，做了好几年也没有获得什么利润，现在市场竞争又太激烈了……我应该怎么办？"

我问他："那你当初为什么要进这个行业？"

他说："因为我同学研发了这个产品，但他不懂商业，我就投了100万来做。"

我听完以后反问了他一个问题："假如今天你有100万，让你选择重新来创业的话，你还做不做这个行业、做不做这家公司？"他一听赶紧摇头，"肯定不做了！这个行业没有什么前途，也做不大，我也不熟。"

我说："那不就行了吗，你已经知道答案了。"

他一听马上说："可我已经做三年了。"

我问："如果你继续做三年，你估计三年后会如何？"

他说："其实我估计和现在也差不多。"

我又问："那你还准备浪费三年？无论你做还是不做，过去的这三年还能重来吗？"

他彻底醒悟。

沉没成本最大的后果，是当你在这方面舍不得的时候，你不但损失的是过去的成本，更重要的是你还损失未来新的机会。所以人生三大痛苦的根源，即舍不得，放不下，忘不掉。

在人类的感情生活中也有类似的现象，为什么相对来说在感情生活上面女性会比较脆弱一些？这是沉没成本的影响。女性总是觉得我为这个男人付出了那么多，我的青春已经搭进去了，所以舍不得，一段失败的感情越拖越久，到最后发现自己已经没有重新再来的青春资本，便追悔莫及。

人有时候付出越多，反而越执着。有时候你会觉得有些员工能力不行，应该要淘汰，但是你又舍不得。你会想，我花了那么多精力，培养了那么久，现在淘汰太可惜了，总希望他是可以改变的。可是最后你会发现，这样做的结果会给你带来更大的损失。

有一位企业家高薪聘请了一位总监，结果过两个月就发现他能力没有预期的那么好，应该把他辞退。但当时这位企业家觉得，花了很大的精力找到他，付出很大的代价，总是有点儿舍不得，总希望他能做好。结果一直拖了半年多，到最后总监在离开的时候，把几个老员工全部带走，带来的损失更大。如果企业家当初及时把他辞退，那么他只会一个人走，就不会有那么大的影响了。

事实上，所有东西过去的就已经过去了，做决策的时候更多要着眼于未来的机会，要学会勇于放弃。

通用电气前 CEO 杰克·韦尔奇上任之后，把所有不能做到行业前两名的项目全部砍掉，获得了“中子弹”的外号，但正是他把通用电气拖出泥潭，带上复兴之路。

万科曾经也是一个多元化发展的企业，后来下定决心全部砍掉，专注房地产作为主业，而且做房地产还只做中高档住宅项目，才成就了行业第一的地位。

断臂是为了求生

企业发展永远有高峰和低谷，只要能生存下来，就一定会有机会重新崛起。当一个企业面对很大危机的时候，要想生存下来必须学会收缩、调整，专注于核心优势业务。其实，很多人舍不得放弃的是面子，不愿意承认自己的失误，死要面子活受罪。

曾有人问股神巴菲特应该如何投资股票，巴菲特说：“看准了股票就长期持有，等待股票涨价。”

“可是如果买了 1 年还不涨呢？”

“继续持有。”

“可是如果买了 3 年还不涨呢？”

“继续持有。”

“可是如果买了5年还不涨呢？”

“哦，那你买错了。”

其实有时候承认自己犯错误比证明自己正确更有意义。例如：一些企业家在给员工股份问题上很犹豫，最大的担心是给错了人，但广州有一位企业家就曾经跟我分享：“我看一个人，花了几个月的时间，而且用了几年来合作观察，如果他真的成为股东后出了问题，那我认了，说明我看走眼了。”

做领导就要有这样的胸怀，错了没有问题，及时认错，认赔离场，抛弃过去的包袱才有机会轻装上阵，重新开始。保持团队作风最重要的原则就是严惩首恶——严格处罚第一个破坏规则的人。

我们有一次召开集团分公司总经理会议，杭州分公司为了节约成本，坐火车去会议地点——长沙。结果那天火车晚点了，造成了迟到，按照规定，总经理捐出活动经费1500元钱，1分钟100元，他们一共迟到15分钟，加上该分公司的其他管理人员，一共捐出活动经费5000多元。

当时一些人不理解，觉得火车晚点了是客观原因。但这就是我以结果为导向的文化，既然规定这个时间要到，那一定要做好充分的准备。如果你要坐火车，你就得把晚点的可能因素预计进去。最后，他们通过这件事得到了深刻的教训。那次处罚之后总经理会议基本上不管谁有什么特殊情况，都不会迟到了。

假如当时不处理的话，后面一定会有很多类似的情况发生，也会有一堆的理由出来。什么叫没有借口的文化，它就是这样一个训练和培养的过程。

任何事情只要你接受第一次，一定就会有第二次。你只要接受第一个借口，就会有第二个借口，所以绝不接受第一个借口。

一些管理者经常抱怨团队执行力不强，也没有战斗力，借口太多。我问他知道你下属为什么理由很多吗？他说不知道。我说这就是你的问题，第一你相信，第二你喜欢听。因为你接受了那些理由，只要你接受，他们就会源源不断地供应给你各种理由。如果你不接受任何借口，那团队才能有执行力。

其实执行力就是这么简单的一件事，没有太多的技巧。

管理很多时候是一场心理的较量。不接受任何借口，只有这样才能养成习惯。当然，这个过程中管理者压力很大，就看你能不能扛住了，只要这一次扛住了，慢慢地，业绩结果导向的文化就能建立起来。

一些人为什么不成功、为什么达不到目标、为什么实现不了梦想？原因很简单，因为借口太多了。成功只有一个理由，失败有一万个原因。想得到成功只有一个信念，那就是：一定要成功！但失败的借口可以有 1000 个、10000 个，要多少有多少：出身不好、机遇不好、背景不好、学历不够、运气不好、机缘不好、竞争对手太强……

企业中有时会有一些“毒品”，破坏企业的正气、文化、价值观，面对这样的“毒瘤”，一定要毫不犹豫地及时处理。要敢于及时处理这些不合适的、影响企业文化、影响团队积极氛围的人，否则拖得越久企业受的损害越大。

成功吸引成功

高品质的追求，才能吸引高品质的人才。如果您希望有优秀人才加入，那么你的团队的要求和水准就要很高。物以类聚，人以群分。

美国 NBA 篮球高手如云，所以能吸引全球的顶尖人才加入。高手都喜欢和高手过招，你只有把自己团队的工作品质提升上来，你才能吸引更多优秀人才的加盟。

管理者要定期评估、反省一下：我们团队里面谁是最差的？这种情形有多久了？如果超过一两个月，就一定要警惕，这是一个危害了，给他一个期限改善，如果他改善不了，就要及时处理。

通用电气前 CEO 杰克·韦尔奇为什么要实行“末位淘汰”？从他的公司淘汰出来的人，在别的世界 500 强公司都是一流的人才，都是很厉害的人，但是，这些人依然要被通用电气淘汰，因为只有这样，才能保持整个团队的高质量和高标准。

对落后者的宽容就是对优秀员工最大的不公平。

一个团队如何取得卓越业绩，跟管理者的严格要求、高标准是分不开的。

请记住，管理是残酷的爱。当你理解这一点以后，再做决定就可以坦然了。一个人出于公心，能够客观、公平、公正的时候，出于对对方的爱，而去促使对方成长进步的时候，是不会有心理压力的，是可以很坦然的。

最后，你会成为有坚定信念和强大内心的领导，你会赢得所有人的尊敬！

鼓励员工在团队里结交朋友

在现代社会，工作和生活已经分不开了，工作就是生活的一部分。

根据调查发现，如果一个人在工作单位里有一个好朋友的话，他是不会轻易离开的。同事成为朋友，他会有一个沟通协调的管道，会有一个倾诉的地方，会有一个互相鼓励的朋友。因此，我们要鼓励一个人在团队里面有一个好朋友，因为好朋友可以让员工把生活和工作联结在一起。而且，作为好朋友的同事，在团队协调、沟通、配合方面更顺利，效率更高。

尤其在中国企业管理中这个特别重要。因为中国人有一个特点，有话都是不会直接说的，员工个人和公司之间有时候沟通是不顺畅的。有一个好朋友就会成为最好的沟通渠道。

有个员工想离职，老总觉得莫名其妙，因为他觉得他干得很好没有理由要离职，便找他来问，是不是薪水不满意？他说没有；工作不满意？他说也没有；问了半天他也不说。后来，他的一位好朋友悄悄地告诉老总："他可能在工作当中遇到了委屈，领导的一个无意行为让他受到了很大的伤害，所以他非常郁闷，郁闷了一个星期，终于熬不住了想走。"其实这是一个误会，但又不好当面跟他捅破，怎么办？于是通过这个朋友传递信息，把这件事沟通清楚，误会就解决了。

同事也是挚友，了解一个人可以通过他的朋友去了解他的动态、他的情况，可以有更多的信息反馈的渠道。管理者可以多创造一些交友的机会，大家去做一些集体的活动，组织一些集体聚会等等。

但有两个问题要注意控制：

第一，不要发展成帮派，或者意气用事，影响到工作。有些人可能搞到最后影响了工作，这就很麻烦了。比如员工之间谈恋爱之类的事本来也很正常，但是不能影响工作的客观性和判断性。还有一些人喜欢意气用事，"我们是哥们，所以不管你做什么，不管对与错，我都无怨无悔支持你。"这就没有原则了。既然是朋友，就要去帮助他、引导他，让他往好的方向发展。

第二，一定要保持高质量、高标准的要求。对于亲近的人，更要严格要求，要比普通人标准更高，才能赢得大家的信任。

定期进行一对一“绩效谈话”

人们是通过别人的反馈来不断修正自己的行为和方向的。

想象一下，如果你开车在高速公路走了6个小时，但却一直看不到任何路牌，请问，你是什么感觉？

1952年7月4日清晨，加利福尼亚海岸起了浓雾。在海岸以西30多千米的卡塔林纳岛上，一个43岁的女人准备从太平洋游向加州海岸。这名妇女叫费罗伦丝·查德威克。

这一次如果成功了，她就是第一位游过卡塔林纳海峡的女性，在此之前，她曾是从英法两边海岸游过英吉利海峡的第一位女性。那天早晨，海上的雾很大，海水冰冷，冻得她身体发麻，她几乎看不到护送她的船。

时间一点一点流逝，千千万万人在电视上看着她。有几次，鲨鱼靠近她，被人开枪吓跑了，而她继续在游。在以往这类渡海游泳中她的最大问题不是疲劳，而是刺骨的水温。

15小时之后，她又累又冻，身体开始发麻。她知道自己不能再游了，就叫人拉她上船。她的母亲和教练在另一条船上。他们都告诉她海岸很近了，叫她不要放弃。但她朝加州海岸望去，除了浓雾什么也看不到。

几十分钟之后——从她出发算起15个小时零55分钟之后，人们把她拉上船，而这里，离加州海岸不到一千米。后来她说，令她半途而废的不是疲劳，也不是寒冷，而是因为她在浓雾中看不到目标。查德威克小姐一生中就只有这一次没有坚持到底。

两个月之后，她再次出发，成功地游过卡塔林纳海峡。她不但是第一位游过卡塔林纳海峡的女性，而且比男性的纪录还快了大约两个钟头。

查德威克虽然是个游泳好手，但也需要看见目标，才能鼓足干劲完成她有能力完成的任务。管理者和下属之间的互动关系当中，也需要有一个定期的反馈机制，也就是说员工在工作当中需要管理者给他持续的反馈。

不识庐山真面目，只缘身在此山中。人也是如此，我们常常会对自己缺乏一种清晰的认知。

人是如何了解自己、给自己做定位的呢？是通过与周边对比的方式来给自己定位的。比如我们在路上找自己的位置的时候，往往通过周边的一些地标建筑来定位。人也需要定位，但问题是人往往最搞不清楚的就是自己的位置，所以这时候他需要有领导、上级给他做一个反馈。告诉他你现在做得怎么样，你现在在哪一个点上。

人在做自我评价的时候是很难客观真实的。因为人永远会高估自己、低估别人，总觉得自己最重要、最完美、贡献最大，总觉得别人有问题、价值不大。就像在每一个女孩子心目中都觉得自己是一个公主，在每一个男孩子心目中都觉得自己是一个王子。

为什么现在社会上“剩男剩女”会成为一个社会现象？为什么电视上相亲节目很火爆？为什么找不到另一半？看看他们选择对象的条件就知道了。很多人要求对象的条件都很完美，要求的标准都很高，所以才总觉得找不到完美的对象。

其实，管理本质上是一个比较简单的事情。管理者就像一架桥梁，一头连接的是组织的目标，另一头连接的是员工的起点。员工在通向组织目标的道路上奔跑，管理者的反馈就是告诉员工现在走到了哪个位置，离最终目标还有多远，方向应该怎么调整。就像一台 GPS 导航仪的作用，定期地扫描并反馈。

山田本一是日本著名的运动员。他曾在1984年和1987年的国际马拉松比赛中，两次获得世界冠军。记者问他凭什么取得如此惊人的成绩，山田本一总是回答："凭智慧战胜对手！"

"是因为他在自己的国家比赛，其他国家的运动员不适应天气，他才有机会夺冠。"有的人肯定会认为。

曾经有许多记者向他提出过同样的问题："你成功有什么秘诀吗？"

可是他是性情木讷的人，总是微微一笑，沉默不语，很久以后，他才道出他的秘密。

"其实很简单。"他腼腆地说，"每次比赛前，我都把比赛的线路研究好，并亲自走一遍，我把路边的标志性东西记下来，比如高的建筑、鲜艳的植物、特别的雕塑，等等。这样我在比赛时就可以为自己定几个小目标，比如，先跑到银行，这样我一开始就以100米冲刺的速度跑向目标；等到了第一个目标后，我又以同样的速度跑向下一个目标，直到最后跑到终点。这样把大目标分散成小目标之后，我就不会被遥远的终点所吓倒，一步一步跑下去就成功了。40多千米的赛程，被我分解成几个小目标，跑起来就轻松多了。如果一开始我把我的目标定在终点线的旗帜上，那么当我跑到十几千米的时候就会疲惫不堪了，因为我被前面那段遥远的路吓倒了，就没有继续的动力了。"

在向目标迈进的过程中，我们也常常会半途而废，往往不是因为难度较大，而是觉得目标离我们较远。确切地说，我们不是因为失败而放弃，而是因为倦怠而放弃。

打麻将、玩游戏为什么几天几夜都不觉得累？因为它有一个及时反馈的机制，每一盘都能马上知道结果并且得到奖罚。

一个好的管理者，一定要学会系统地“绩效谈话”，这是最核心的一个管理工具。原则上管理者应该每个月都要跟下属做一次正式的“绩效谈话”，而且是一对一的形式，而不是一个集体开会的过程。

同时，“绩效谈话”一定要做好充分的准备，而不是随意地谈。有些管理者在进行绩效谈话的时候往往是漫无目的地谈，想到哪里就谈到哪里，没有一定的顺序，这样的谈话是不会有什么好效果的。

所以在这里我要特别要强调，绩效谈话一定要按照严格的流程去谈，当对方把话题拉远的时候，你一定要拉回来。不能把氛围搞得太随意，太随意就失去了它的价值，当然，也不是说完全死板严肃，而是要有一个相对正式的过程。

以下是一个“绩效谈话”的标准程序：

1. 说明会谈的目的和时间：我们用 10 分钟对你上一阶段的工作做一个总结；

2. 员工自评：谈谈你对上一阶段工作的总体感受，做得好的是哪些地方，需要成长进步的还有哪些地方；

3. 上级评价：我认为你上个阶段工作的情况如何（上级进行业绩评价，

要明确告知下属考核结果），成绩是哪些，不足是哪些（要举事实）；

4. 与员工达成一致：对于以上的总结你还有什么意见吗（即时确认）；

5. 就能力不足达成共识：上面的工作总结主要反映了你在工作中还有哪些能力不够（具体、详细说明）；

6. 制订改善计划：我们来具体谈一谈提升你的工作能力的具体计划；

7. 共同制定下一期的工作目标，并确定不同工作的先后顺序与重要性，管理者做好支持承诺；

8. 认同后双方签字确认，然后向对方表达谢意，将记录整理归档。

这是一个标准的程序，但是“绩效谈话”其实是在你跟员工随时随地的沟通当中都要做到的，只是有时候简化一些而已。哪怕给员工打一个电话都是一次沟通，而每次沟通你都可以这样问。比如说有员工办事出差几天，你可以打电话与他进行沟通，在那边情况怎么样，需要哪些支持，做了哪些事情，还有哪些要改善的，有什么好的建议，然后你给他一个指导方向，告诉他下一步怎么做会更好。

这整个过程其实就是一个绩效的反馈。员工做事情有时候会有偏差，作为管理者就要及时给他纠正，帮助他调整过来，以免他浪费精力。比如一个设计师，他可能做到最后会说我觉得这个东西很漂亮。他只关注了这个，却没有关注你本来做的目的是为了更好地把产品卖出去。这个时候作为领导就要及时地把他拉回来，告诉他我们的目的是什么，标准是什么，方向是什么。

“绩效谈话”就是一个不断地给员工进行修整、加油、调整的过程，你调整的密度越高，你的工作效率、配合度就会越高。如果一个员工你半年不找他谈话，一定会有问题的，因为那样你就不了解他的真实现状了，当问题爆发的时候就难以挽回了。

“绩效谈话”要成为管理者的一个优良的职业习惯，跟任何人谈话都是这样一个思维、套路，刚开始也许会觉得有些一板一眼，用得多了就会自如了，到最后就变成你管理的习惯了。

有一位优秀的企业领导，他的方向非常清晰，不停地要求每一位员工按照他的目标去努力。他和经理一见面就会问：“你现在业绩怎么样？你这个月的目标是多少，还差多少达成？”不管是什么时间、什么地点。所以时间长了，经理们见他都有点儿害怕，如果做不好就不敢接他电话，业绩不好的经理拿电话手都会发抖，看见领导来电话就心惊胆战。

其实，这就是一个绩效导向文化很清晰的企业。当时有的经理形容说，看见领导过来，额头上就写了两个字“业绩”。但是他这样做的效果真的很好，整个团队业绩运营非常高效，持续保持行业领先地位。

管理者的要求越清晰，团队的目标感就越强。

“绩效谈话”其实是定位的过程，也是未来规划的过程。这是最重要的管理工作。

为员工提供学习和成长的空间

每一个管理者都发自心底地渴望，如果我的员工能把工作当作自己的事业该多好呀！

而学习成长的机会就是工作和事业的最关键区别点。

经常有一些企业家问：“容老师，我想培养一些管理人才，如果能招几个忠诚于企业，热爱这个行业的年轻人，我是愿意培养他们的，可是我总是找不到这样的人。”我就会告诉这些企业家，是因为你的前提错了。我反问企业家：“一个人如果没有从事过这个行业，如果一个人不在一个行业干上几年，他怎么知道自己对这个行业是不是真的喜欢和热爱呢？”很少有人是没有进入一个行业或者企业前就下定决心死心塌地一辈子干下去的，大部分人都是边干边看，逐步了解最后才确定在一个行业或者企业做下去的。在同样的岗位上工作，有人只是当作谋生的手段，有人当作人生的事业去经营，结局当然不一样。

有位五星级酒店的行政总厨，给我讲过他的成长过程。

他家里很穷，没有机会读书，16 岁就出来打工了。刚开始，他什么都不懂，误打误撞地进了一个餐馆当服务员。最初干的只是端菜、洗碗、擦桌子的工作。对于很多人来说，干这种工作都会觉得没有前途，他开始的感觉也是一样的，只想先这样干着挣点儿钱养活自己再谋发展。

幸运的是，他遇到了一个好老板。那家餐厅的老板看他工作挺勤快的，就问他想不想进厨房工作，他当然想，当时老板还告诉他，如果表现好的话，还能让他进厨房学手艺。他一听，兴奋极了，暗自下决心一定要加倍努力工作。

几个月以后，老板兑现承诺，让他给厨师当帮手，并且告诉他，如果跟厨师好好学，把助手的工作做好了，可以送他去正规的厨师学校学习。他一听更高兴了，不管怎么说，有一技之长总归是好的，于是他干活更有动力了。一年之后，老板把他送到厨师学校学习，学完之后又让最好的师傅带他，就这样，他一步一步地走到了今天。

我当时问他："你现在这么厉害，有没有考虑过自己开餐馆？"

他认真地告诉我："我对经商不是很懂，我觉得像现在这样在一个五星级酒店做一名行政总厨其实更好，而且也是我自己更擅长的。我如果去开餐馆做老板，可能社会上就少了一个优秀的厨师，而多了一个平庸的餐厅老板。"

他还告诉我，酒店每年还安排他出国学习，参加全国各种各样的行业峰会，可以不断学习新的知识，还有机会跟业内顶尖的人才交流，鞭策他不断进步，追求更高的品质。但如果他自己开餐厅，可能就没有这样的机会了。他说已经下定决心沿着这条事业的道路发展下去。

一个年轻人从没有什么想法，到最后选择了这份事业，从这样一个过程中我们发现，他之所以把这个工作当作事业来做，并不是他16岁出来打工一开始就确定的，而是在工作的过程当中，他发现这个行业能够让他有学习成长的机会和发展的空间。他不断地成长，能力提升，走到行业的顶端，而这个成绩会让他越来越自信，越来越有成就感，越来越热爱这个行业、企业和工作。

一个员工真正的工作动力就来自于此。他确认一件事情能不能当作他人生的事业，就在于他做这件事情的过程中，有没有获得持续学习和成长的机会，他有没有感觉到自己在进步，进步以后能不能得到更大的空间和回报。

管理者应该持续对员工进行培训，给他们创造学习与提升的机会，并保证他们可以通过自己的能力提升而得到更大的回报。为什么很多老员工会原地踏步？是因为他觉得自己已经做得很好了，很完美了。作为管理者，这个时候就要给他找到成长的空间。假如他的新客户开发已经做得很好了，你就可以问问他老客户的关系维护能不能再改善？这就是他还需要提升的地方。或者业务能力很强了，在管理方面能不能提升。

管理者如果想用好一个优秀的人才，就要学会不断地给他指出可以成长的地方。

当然，这对管理者也提出了更高的要求。

首先，自己进步的速度要比员工快。以前师傅带徒弟，带了3年，学满就离开了，为什么他会离开？因为他已经没有要学的东西了。对于管理者来说，能让员工在你这里不断地学习到新的东西，永远都有新鲜感，让他永远学不完，这样他才会一直跟着你努力奋斗。

最可怕的是，一个管理者开会讲话，开口说第一句之后，员工就可以把剩下的十句话全部背完。如果你已经没有新意了，员工在你这里不可能再获取新的东西，得不到新的成长空间了，那就是他准备离开的时候了。尤其是优秀员工，因为高手喜欢和高手过招，留下来的多是没有什么进取心的平庸之辈。

这就要求管理者自身的学习速度要比员工更快，管理者要永远有新意，永远在进步。

今天，全中国最顶尖的企业家都是热爱学习的人，他们的成长速度远远超过普通人。

其次，成为员工的榜样甚至偶像。在管理中，身教重于言传，你的一举一动都是员工的榜样。对于员工而言，他在事业上最好的样板就是他的上级，当他想知道自己未来的状况的时候，他只需要看看他的领导现在的状况就可以了。人是通过模仿来学习进步的，而员工最直接的模仿对象就是他的上级领导。

人们为什么喜欢偶像？因为偶像具有他们现在没有却渴望拥有的东西，是他们的精神代表人，寄托了他们的希望。因此，管理者要成为员工的偶像，这样才能最大限度地激发员工的动力。帮助员工找到一个标杆，找到一个方向，然后顺着这个方向走下去。领导的高度就是企业的高度。

最后，做好接班人计划。你要让下属知道，只要准备好了，我愿意给你机会。

也有一些人担心，我们培养了人才，可是没有这么多的位置给他们，或者担心培养的人才会流失。但是，如果不培养人才就会遇到另一个问题，那就是你的公司永远壮大不了，因为只有让你的下属能接替你的工作，管理者才能抽出身来从事更重要的工作，才能有时间开创新的事业高度。培养人才的过程，也是企业不断发展壮大的过程。

把你的每一个员工都当作总经理来培养，你会发现员工的工作状态完全不一样！

当然，我要特别提醒你，学习和成长永远是你最重要的事情，人要为自己的成长负责，永远不要把成功的希望寄托在别人身上。如果一个人觉得自己没有得到成长是因为领导不提供学习的机会，那他就永远成长不了，因为他永远都需要有领导来帮助他，永远不能独立，永远不能独当一面。8 小时之内求生存，8 小时之外求发展，成功者都是主动出击。

企业里有学习机会当然好，但更重要的是你自己也要创造这样的机会，不断地让自己去进步，不断地提升自己的思想境界，不断地提升自己的专业素养，让自己成为行业里面真正有价值的人。你有没有下定决心，或者给自己一个目标？你是否要成为一个行业或者一个领域内全国的顶尖高手？

一定要学会给自己做规划。每个人进入一个行业的时候，一定要问自己，我在这个行业的未来在哪里？如何去做到？应该学习哪些知识和技能？

成长比成功更重要。成功是成长的副产品。

总结一下，十二个阶梯是一套完整的操作系统，当你一步一步去把这些基本工作做好的时候，你会发现管理变成了一个轻松愉快的过程，员工会全力以赴、自动自发地工作，员工会把工作当作一生的事业来对待。

管理者最大的贡献就是将员工的能力转化成为公司的业绩。

4 建立人才梯队，快速复制团队

一个企业里面，不同层级员工的内部培养成长体系，都是由这三个板块构成的，即“知识 + 技术 + 态度”，将这三个板块结合到一起，就会得到具备良好职业习惯的职业化的人才队伍和管理者队伍。

三大板块：快速培养职业化人才

人是企业中最能动、最重要的资源，现代企业的竞争是人才的竞争，得人才者得天下。

有记者采访微软创始人比尔·盖茨："您认为微软最大的对手是谁？"

令人意外的是，比尔·盖茨竟然告诉他，微软公司最大的竞争对手是高盛银行。

记者大惑不解："这两家公司完全没有什么关联，也不是同一行业，为什么？"

比尔·盖茨说："因为他们在和我们争夺全世界最聪明的人。"

企业的发展是一个组织不断壮大的过程，组织壮大的过程就是人员不断增长的过程。一些企业为什么做不大？没有足够的人才。一些企业想横向扩展，走出区域市场，但没有足够的人才；想扩大市场和产能，但没有足够的人才。人才已经成为众多中小企业壮大的最大障碍。在一些行业，当企业的模式基本稳定之后，每个员工所能创造的价值会稳定在一定水平，这个时候，企业要再发展，能发展多大，几乎就是看它能拥有多少员工了。

所有的大企业都拥有庞大的员工和干部队伍，而在中国市场上，许多企业倒下却是因为发展速度太快，导致人才跟不上而管理失控，企业最终经营失败，非常令人遗憾。

中国茶饮料的开创者“旭日升”冰茶的兴衰就折射出了成长型企业的人才困境。

一个以供销社为家底、3000万元投资起家的旭日集团通过短短两年的发展，在1995年销量就达到5000万元，到了1996年，更是骤然升至5个亿，整整翻了10倍。在市场销售最高峰的1998年，旭日升的销售额达到30亿元。2000年时，旭日升在中国饮料十强中排名第二，曾一度占据茶饮料70%以上的市场份额，被誉为中国茶饮料大王。然而，从2001年开始，一日千里升腾起来的旭日，骤然滑跌谷底，到了2002年下半年，旭日升已经停止了铺货。

其实，打败“旭日升”的不是别人，恰恰是它自己。产销规模的迅速扩张，让公司的制度和人才保障越来越滞后。

据熟悉旭日集团的人士介绍，旭日升在销售渠道建设时，不论是进入哪一个城市，不论是什么职位，集团都无一例外地从冀州派遣本地人马。集团48个驻外营销公司，200多个营销分公司，8600人之众全部由总部派出。而且集团派出的队伍大多是本县的农民（因此这个企业还有一个特色假期——麦收假，即在天气最热、饮料的销售旺季给农民业务员放假回家收麦子）。

随着市场的发展，企业由几百人膨胀到近万人规模时，这个以农民为主体的现代企业很快暴露出了诸多顽疾。这么大的企业集团80%以上的员工主体来自于本县的农民群体。管理层的平均学历在初中以下，集团内部凡是重要的岗位全部是裙带关系。

一个企业能够走多远，不仅仅取决于企业管理者的水平，还要看整体的员工水平。所以一个企业的领导者要不断提高自己的素质，也要让员工同步提高，只有这样的企业才能协调健康地发展，而不至于昙花一现。

近年来，随着中国人口增长放缓，社会经济水平的进步，以及产业升级和劳动力成本上升所带来的压力，企业将面临越来越严重的人力危机。根据专家预测，未来10年中国将进入劳动力成本快速上升的通道，人员成本可能将要增长一倍以上。面对这个趋势，各位企业管理者，你们做好准备了吗？

面对日趋激烈的竞争环境，企业只有掌握一套快速培养人才的方法，才能在竞争中脱颖而出，让企业具备坚实的基础。

员工培养应该怎么做呢？怎么样去打造自己的员工队伍？基本原则很简

单，所有的培训都是由三个层面构成的，即知识、技能和态度。

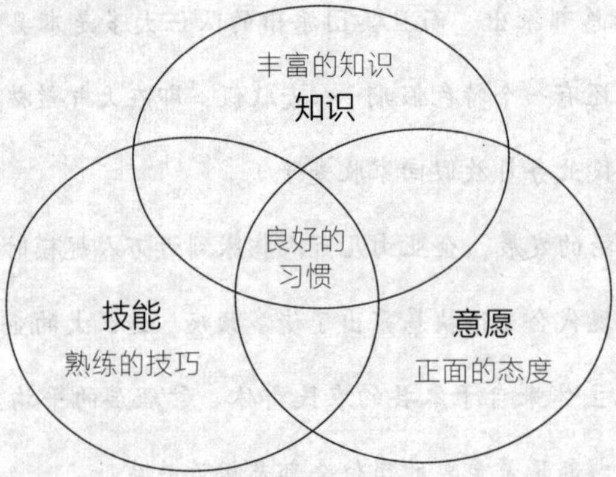

优秀员工培养图

第一部分是知识。

知识是指一些基础的、基本的理论知识，是基本的规律。如：牛顿力学三大定律、爱因斯坦相对论、博弈论等等，这些都是知识。知识主要是通过讲授的方式传递，通过学习就可以掌握。

知识能提升一个人的素养、气质和境界，是对于他所做的事情、所面对的问题的本质规律的把握能力。如果一个人没有知识，那么他将永远停留在执行操作层面上，没有办法总结规律，升华知识，上升到战略思考和指导的层面。

有一段时间“读书无用论”非常流行，有些大学生也在抱怨，大学学习不实用，出来工作没有什么优势。其实，这是对大学教育的最大误解，因为，大学本身就是一种素质教育而不是技能教育。

确实，在刚刚踏上工作岗位的前几年，也许一个大学生和一个没有上过大学的人在同样岗位上的表现相比没有什么突出的优势，甚至在具体的操作技能、熟练度上还不如一个有经验的人。但是，在工作5年、10年之后，这种差距却会慢慢呈现出来。一个人不断向上攀登的过程中，也许在中基层的时候，知识的作用不明显，但对于高层管理人员来说，知识的功底就会发挥作用了。因为这种学习的能力、理解的能力、知识传递的能力是一个人能否成为优秀管理者的关键。

第二部分是技能。

技能是工作实际操作的具体动作。在工作中需要用的都是操作的技能，不管是财务部门、行政部门还是业务部门，你所从事的工作都是一种操作技能。一个人技能的水平将直接决定他工作的成绩和效率。

技能不仅仅是知道就可以了，它的取得来自于训练，而且是持续反复的训练。就像骑自行车一样，只知道原理，只看别人骑车演示，并不意味着你就会了，还必须亲自骑几次，逐步熟练。

一万小时定律：加拿大畅销书作家麦尔坎·葛拉威尔在《异数》一书中

指出："人们眼中的天才之所以卓越非凡，并非他们天资超人一等，而是他们付出了持续不断的努力。只要经过一万小时的锤炼，任何人都能从平凡变成超凡。"他将此称为"一万小时定律"。一万小时是什么概念？那大约是每天练习三小时，风雨无阻，连续10年。葛拉威尔引述大量研究数据表明，世界上不论任何行业，当你具备基本技能后，最终能否出类拔萃，成为专家、权威、大师，一个因素最重要，那就是练习、练习、再练习，最低限度是一万小时。

田坛飞人刘翔，人们只看见他在赛场上的风驰电掣，一骑绝尘。可是为了在赛场上10多秒的辉煌，他从7岁开始苦练了19年，不知跑了几个一万小时，汗水流了几吨，经历了多少挫折和失败，才换来了事业辉煌，换来了"阳光总在风雨后"。

三军仪仗队旗手朱振华，1994年参军起光是练习"走路"就已苦练了15个年头，平均每天练习6小时，国庆阅兵之前，更是每天训练12个小时左右，早已超过了一万小时，终于练就了"走百米不差分毫，走百步不差分秒"的惊人标准。所以，他有幸成为中华人民共和国六十年大庆的"国庆受阅第一兵"。

古今中外无数事实证明，一个人只要不是太笨，太不开窍，认准方向，方法得当，有这一万个小时的苦练打底，你即使成不了大师、巨匠，至少也会成为本行业的一个具有丰富经验的专家，一个对社会有用的人，一个能够实现个人价值的人。

“宝剑锋从磨砺出，梅花香自苦寒来。”世界上没有人能轻易成功，“一万小时”就是通向成功的一道门槛，迈过去就是成功。任何领域，想要达到世界水平，必须越过这个点。

技能是靠身体“肌肉记忆”，使用越多越熟练，经验就越丰富，最后就成为一种习惯了。

长时间的重复动作，就会积累出“经验”，这种经验会引发“灵感”。打球熟练的人有“球感”，按摩的技师有“手感”，艺术家有“创意”，车手有“车感”……

就工作而言，技能比知识更重要。

第三部分是态度，或者叫意愿。

在日本一手缔造两家全球500强企业、有着“经营之圣”之称的稻盛和夫先生，其成功公式就是“成功 = 能力（0 ~ 100）× 努力（0 ~ 100）× 态度（－100 ~ +100）”。

稻盛和夫认为，经营的成功除思维方式之外，还有两个重要因素：努力和能力。很明显，这个公式不符合常人印象中的“成功 = 能力 + 努力 + 态度”的加法公式。乘法代替了加法，这正是其经典所在。

为什么用乘法而不用加法？因为若用加法，只要有些能力，而不去努力（即努力值为0），也可能成功；若用乘法，只要其中有一项为0，任何数乘以0结果还是0。公式中三个乘数哪个最重要？他认为在这三项当中，最重要的就是态度。因为，如果态度是负面的，整个结果也将是负面的。能力和努力至少（最小值）是0，而态度若不好，那就是消极心态，就是负数；三者相乘，就有可能是负数，并且能力越强，努力越多，危害也就越大。

这就要求我们不仅要有足够的能力，有超出常人的努力，还要时时拥有积极向上的心态。只有同时做到这三点，才会拥有骄人的“乘积”（成绩）。

第四部分是习惯。

我们培训的最终目的，是训练出良好的习惯，因为工作当中到最后所有的东西都是习惯。

我们的生活是由无数个“习惯”构成的，没有“习惯”，生活的效率会大打折扣。比如中国人吃饭用筷子，我们小时候刚开始学习用筷子的时候，都是很笨拙的，有点像外国人用筷子吃饭的样子，但现在你吃饭的时候还想过怎么用筷子吗？已经变成了习惯，而当人们按习惯行动的时候就不需要分心去思考，而且效率高。

因此，职业化工作最终也是一种习惯：定期向上级汇报、及时进行沟通、经常进行绩效谈话、持续激励员工、随时表扬员工、简练地报告文件、格式化的语言习惯……这些都是一种工作的职业习惯和管理习惯。一个管理者的各种管理动作就变成一种自觉的习惯，潜意识的自觉反应。

在企业里面，员工的内部培养成长系统，都是由“知识 + 技术 + 态度”构成的，将这三个板块结合到一起，就会得到具备良好职业习惯的职业化的人才队伍和职业化的管理者队伍。

军队的管理为什么如此高效？他们是如何让几百万人的队伍协调高效运转的？其实在军队几乎所有的行为都是按照一定的规范来训练的，小到牙刷摆放、叠被子，再到走路、敬礼的规范，再到汇报的口令、沟通的模式都是高度统一，正是这些长期的规范化、模式化的训练，最终才能培养出高度职业化的军官队伍和士兵队伍。

许多重复的行为成为习惯，许多的习惯养成性格，而性格决定命运。

希望通过持续地学习训练，每位管理者都能养成良好的职业习惯，这样你就能变成优秀的管理者。也许你自己没有意识到，但是你的生活会发生改变，你的员工对你的感觉会发生改变，上级对你的评价会发生改变，因为你的整个态度和工作方式改变了，这就是我们要达成的效果。

不同的板块，培养的方法是不一样的。

知识是可以通过“讲授”来传递的，即通过讲解演示的方式就可以了；技能要通过反复的“训练”来达成；态度的改变是需要通过“教育”来完成的。

过去一些企业在员工培训方面最大的误区就是把“讲课”当作“培养”。在对员工进行培训时主要靠不停的“讲课”，老板、经理和讲师等只是在台上单纯地讲，结果讲上几天也没有达到理想的效果。因为员工听完这些内容后，记到脑子里的叫知识，不能马上转化为实际操作的技能，也就达不到培训的效果。要真正让员工将这些知识转化为行动，就必须靠不断的训练，培养员工的技能，再加上好的态度，最终才能训练出良好的习惯。

所以，培训最后要真正有效果，一定要通过反复的训练来带动。若想达到这样的水平，就需要靠不断的训练和大量的历练。例如：特种部队的士兵和普通士兵最大的区别不是项目，也不是士兵本身，而是他们的训练强度不一样。据统计，一个神枪手的诞生，大概需要 10 万发子弹的训练。

人才的培养有方法却没有捷径。唯有通过持续强化训练，才可以加快人才培养的速度。

入模板＋练绝招：培养基层员工

最好的培训要因材施教，企业中不同层级的培训重点是不同的。

总体原则是：

基层入模板，练绝招；

中层提要求，调心态；

高层统观念，学知识；

老板拓思路，开智慧。

对基层员工进行培训时，有两个重点：“入模板＋练绝招”。

一个人进入新的行业、新的企业，前三个月的基本训练是非常关键的，这是职业基本习惯的养成期，不但会奠定其未来在企业工作的职业基础，甚至会影响他一生的职业发展。

新人进入公司，第一步就是“入模板”。如果他之前没有工作经验或者相关行业工作经验，那正好可以让他尽快进入角色；如果他之前在同行业其他企业工作过，那可以帮助他了解不同企业的工作习惯，放下过去，适应新的环境。总之，经过严格的模式化训练，可以帮助他迅速掌握基本的工作规范，快速融入团队，接受企业文化，成为企业的一员。

各行各业都有基本功，学习武术，要经过扎马步、举重物，然后练习三十六路长拳等基本训练，无论他们今后再练什么，这几项都是基本功；练习唱歌，有最基本的发音、吊嗓子、练呼吸等基本功；小学生学写字，都是从正楷字开始，横平竖直，方正规范；学数学都要背九九乘法表；学英语都要从26个字母开始。

基本模板训练不但是基本工作技能的训练，还包括企业文化宣导、企业各种规章讲解、行为规范训练、基本职业道德、职业习惯养成等多方面的内容。

今天是一个团队协作的时代，而团队协作效率的高低，与基本模板训练有密切关系，只有当大家都用共同的语言模式、共同的行为准则、共同的沟通习惯、共同的工作标准的时候，团队才能减少摩擦内耗，大幅度提高合作效率，这也是为什么许多优秀企业高度重视基本训练的原因。

在基本模板训练阶段，重点是“生搬硬套”。不要太多的调整变化，也不要过于强调新意，一定是按照规范严格要求，听话照做。理解要照着做，不理解也要照着做。比如小时候背九九乘法表，不一定能理解，但先背下来，以后受用一生；古代的儿童教育要小孩子背《唐诗三百首》《弟子规》《三字经》，小孩子当时是不能理解的，但先背下来，今后需要的时候自然而然就能脱口而出，所谓“熟读唐诗三百首，不会作诗也会吟”。员工一开始对于很多工作的规范和要求未必能理解，这时候不必强求他们理解后再工作，让他们先按要求做了再慢慢领悟。

1999年，华为与IBM签了一个金额巨大的咨询合同，在IBM的帮助下启动了以IPD（集成产品开发）、ISC（集成供应链）为核心的业务流程变革。不少华为内部的人都说：“这一次，华为上上下下几乎全体脱了一层皮。”4年后，华为终于初步实现了管理体系的国际接轨，其中的艰辛不难想象。

从初期的“削华为的足，适IBM的履”，到后来公司大量直接使用由IBM发明的“专有名词”如IRB（投资评审委员会）、IPMT（集成产品管理团队）、PDT（产品开发团队）等，许多人甚至忘记了它们的中文名称。在绩效管理方面，华为也改用了IBM的PBC（个人绩效承诺书）模式。

任正非说，“先僵化、再优化、再固化”。一年后，华为用“照葫芦画瓢”的强硬方式推行IPD。

任正非强调：

一、什么是最先进系统？关键是我们能使用得好，能够解决我们的问题，这才是我们最需要的。我认为这是最先进的。我们切忌产生中国版本、华为版本的幻想。引进要先僵化，后优化，还要注意固化。在当前二三年之内以理解消化为主，二三年后，有适当的改进。在引进这个支撑系统的时候，我们要加快速度，目的就是要促进固化，就是要每前进一步就要固化下来。我们不能将土挖松了，到了秋天无法播种了的时候再去播种。

二、我们要像夯土一样，一层层夯上去，一步步固化我们的成果。我们是要先买一双美国鞋，不合脚，就削足适履，要先僵化后优化。

三、IPD关系到公司未来的生存与发展，各级组织、各级部门都要充分认识到它的重要性。就IPD来说，学得明白就上岗，学不明白就撤掉，我们就是这个原则，否则我们无法整改。

人模板是一个人在行业的基本功，一个人的基本功打得越扎实，那他未来的发展潜力就越大。一些员工有轻视基本功、好高骛远的倾向，总想一步登天，投机取巧走捷径，马上得到提拔。却不知道，这样的做法反而把自己害了。基本功是一个人在行业和企业立足的地基，地基越深，未来的楼房才能盖得越高。地基的深浅也许在前期盖三四层的时候差别不明显，甚至因为你花更多的时间精力打地基反而显得比别人慢，但是，当楼房越盖越高的时候，地基的作用就显现出来了。一个人能在一个行业走多远、走多高，是由最初几年的基本功决定的，这个地方千万要沉住气。

经常有管理者发现，自己发展到一定的阶段就会遇到瓶颈，再也上不去了，其实这就是在基础阶段没有做好，基础工作是对人最全面的锻炼。基层员工脱颖而出需要有一些特长或者突出的优势，但高层管理者的选拔比的是谁的缺点少或者弱项不明显，这个原理对企业也是适用的：小企业突围要靠“尖刀”优势，一点突破；大企业则重在补“短板”，希望不出漏洞。基本功不足就会成为一个人上升到最高领导层的最大的“短板”。任何希望未来能登顶的人都必须牢牢打好基本功。

企业加强人模板训练还有一个特别大的好处：越优秀的员工越难以适应别的企业。当他们跳槽到其他企业的时候，他们会发现很难再改变自己的很多习惯，难以适应别的企业。

有一次，我在机场的麦当劳用餐，点餐的时候我半开玩笑地问营业员：“你觉得是你们的鸡翅好吃还是肯德基的鸡翅好吃？”营业员听了以后很认真地对我说：“先生，自从我在麦当劳工作以后，我再也没有吃过肯德基！”

难怪有人开玩笑说“麦当劳的员工血管里流的都是番茄酱”。

当人模板达到一定基础以后，下一步就是“练绝招”。基本功打好了，再根据每个人的禀赋特点去练自己的“绝招”。每个人的天赋不同，优势不同，不可能做同样的动作都能有同样的结果。作为管理者，要根据个人特点指导他们找到自己的优势，把优势强化，真正成为个人不可替代的独门绝技。这样才能帮助他们在事业上更上一个台阶。没有“绝招”，难免会沦为平庸之辈。

比如，学武术练好基本功后就开始学不同的功夫了，有人练腿，有人练手，有人练兵器……考大学也是不同的人选择不同的专业方向发展。在工作上，每个人成功的道路都是不同的。

提要求 + 调心态：培养中层干部

对于中层管理干部的培训，重点是“提要求 + 调心态”。

一些企业对中层干部培训最大的误区就是讲得多，希望多，要求得少。其实中层干部培训最重要的不是教知识，而是提要求。中层干部都是从优秀的员工中选拔上来的，本身已经具备熟练的工作技能和经验；同时，作为管理者还只是刚刚开始，管理责权有限，正处于管理角色的转换阶段。因此，培训业务技能对他们来说没有新的成长，培训管理技能又经验不足。因此，对中层的培训其实本质是提出要求，通过培训让他们知道自己的角色、任务、责任，指明成长的方向。“提要求”其实是管理层的“入模板”。

干部是要求出来的。每个人都有一个“舒适圈”（也是一个人的能力圈），人们对于“舒适圈”内的事情是会做得得心应手的，例如：吃饭、骑自行车、写字、加减乘除……当人们做这些事情时都是不需要多加考虑的，而且是非常自信能做好的。

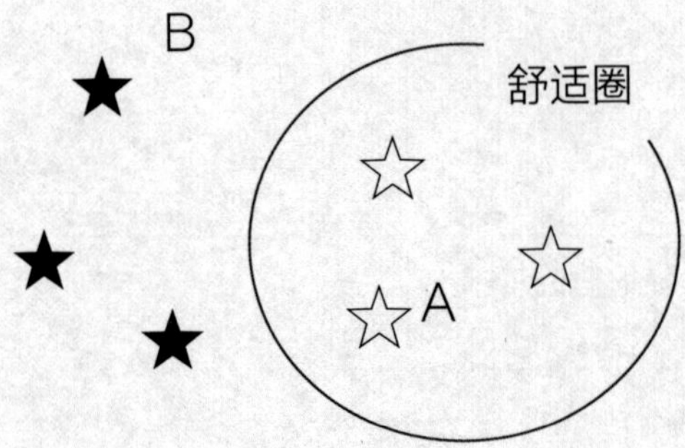

舒适圈图 1

可是当人们需要去做一些能力圈外面的事情，即以前没有做过的事情的时候，就要突破原来的舒适圈，这个时候就会面临巨大的压力，因为这些事情以前都没有做过。突破的时候往往都是不习惯、不舒服的。一般情况下，人们不愿意主动去做，这个时候就需要有外力的推动，甚至强迫，逼他去突破“舒适圈”的束缚。于是，当圈外的事情做了几次之后，人就能掌握技能，逐步适应，最后，这件事情就成为“舒适圈”内的事情，就是这个人的“舒适圈”扩大了，能力圈扩大了。

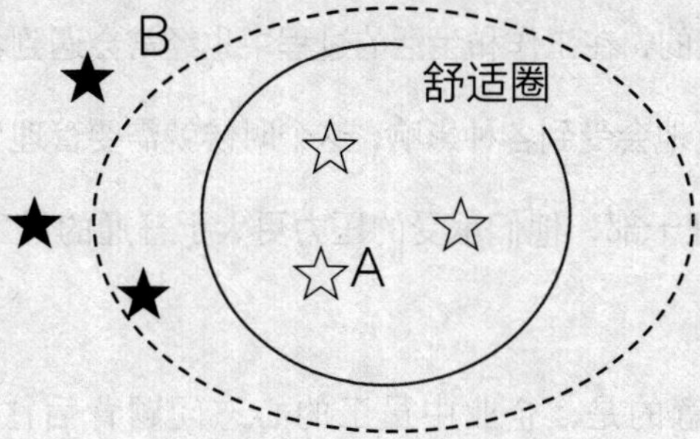

舒适圈图 2

能力的成长就是一个不断突破极限，挑战边界的过程。

为什么老板往往显得能力强、神通广大？难道都是天生的吗？不是的。

企业里员工遇到问题怎么办？想办法解决；

如果实在不知道怎么办？找经理；

经理也解决不了怎么办？找总监；

总监也解决不了怎么办？找老板。

老板找谁？

自己解决！

老板都是这么练出来的！

当然，这个过程是不舒服的，所以，需要上级给压力，提要求。中层干部经常遇到的问题不是不懂，而是不敢下手，所以干部培养重点是对他提出要求，逼他成长和突破。

另外，还有一个重点就是“调心态”。心态调整是管理中的永恒话题。人是感性的、动态的，在工作和生活的过程中也经常会遇到各种挫折和困难，心态自然不可避免地会受到各种影响，这个时候就需要管理者来帮助其调整，尤其是企业的管理干部，他们承受的压力更大于普通的员工，因此，心态调整更重要。

值得特别注意的是，企业中员工的心态问题背后往往是干部的心态问题。

有一位总经理，当下面的干部反映某个员工心态不好的时候，就喜欢亲自与员工谈话，做思想工作；可是往往好不了几天，又会出问题。

于是，这位老总就像消防队员一样，哪里有情况就往哪里扑。时间久了，他觉得自己越来越辛苦，重点是效果还不好，不知道问题出在哪里。

其实，这位老总没有认识到：在企业中，如果员工的心态经常出问题，一定是干部的心态出问题了。所以，在企业中真正需要调整心态的其实不是员工，而是干部。这是目前企业管理中一个普遍的误区。

培养干部的过程是不断调整干部心态的过程，思想端正才能“又红又专”。

统观念 + 学知识：培养高层干部

对于高层管理干部的培训重点是：“统观念 + 学知识”。

高层干部是企业的核心决策团队，其管理工作已经从具体的一线管理上升为通用型管理，更多站在抽象化的高度去指导中层管理人员的工作。因为他们的决策已经涉及许多战略层面的影响，因此，高层干部的工作重点是要保持观念上的统一，战略方向一致，价值观一致。方法上主要是靠沟通，通过沟通，了解企业家对行业的认知，对战略的判断，对企业问题的看法，对价值观的取舍。这样，整个团队才能形成高度的默契，成为一个整体，发出同样的声音，保持同样的步调。

另外，高层干部已经具备了丰富的实践经验，他们需要通过系统化的理论学习，把自己的经验总结成为普遍的规律，提炼出一套方法论。否则一些人干了20年还不知道自己是怎么成功的，他只有通过学习才能知道自己做对了什么，做错了什么，行业应该如何发展，管理的基本规律在哪里。

管理是一门实践的科学，单纯学习理论知识，没有一定的实际操作经验作为基础是很难真正理解和消化的。大学在招收工商管理研究生（MBA）时都有一个比较特殊的条款，就是要有至少三年的工作经验，而高层工商管理研究生（EMBA）更是要有十年的工作经验，此外还要再加上至少三年的高层管理经验。只有真正做过管理的人，才能够结合自己的工作经验去理解老师教授的内容，并很好地运用到以后的工作中去。

高层管理干部遇到的许多问题都是新问题、比较复杂的问题，没有理论的指导和对管理规律的深刻认识是没有办法提出有效的解决方案的，也无法正确决策。

做好企业的接力：领导储备

这一节，我们主要讲的是如何培养老板的接班人。这个培训的重点是："拓思路 + 开智慧"。

当一个老板在一个行业做了很久以后，他的很多想法就会被行业经验所束缚，形成很多思维定式和行为惯性。这也就是我们为什么经常看到，一些行业的突破常常是外行人干出来的，就是因为外行人带来很多新的理念、新的观念。初生牛犊不怕虎，新人看到一切都是可能的，而老人有丰富的经验，但也习惯于说"不可能"。

所以，老板应该多出去看看，多了解一下外面的世界。最好还要多关注其他行业的知识，“他山之石，可以攻玉”，这样能拓宽领导者的思维宽度。也许在其他行业已经习以为常的方法到了你的行业就是一种创新的做法，就像旅游一样，你看到的是新鲜的，但在别人眼中却熟悉得仿佛不存在一样。

熟悉的地方没有风景。

人都有行业疲劳，总觉得自己的行业干得很辛苦，羡慕别人的行业，总觉得别的行业好。其实不是行业的问题，是创新的问题，是心态的问题。抱着这种习惯思维，不管做什么行业，都会觉得辛苦。

另外，老板要开启智慧层面的东西。

经营企业本质上是经营人心，而人心的背后是人性。你要对人性有所体悟和感受，那就要了解一些文化、艺术、历史和哲学方面的知识，因为穿透历史的是人性，文化是人性的升华，艺术是情感的共鸣，哲学是知识背后的知识。

企业家的成长是不断自我修炼的过程，修身齐家治国平天下。

人的境界有多高，决定人的成就有多高，而企业家的高度决定了企业的高度。

一个企业家在不同的阶段为企业贡献的重点是不同的。在创业期，老板贡献的是能力（带头冲在一线）；在成熟期，老板贡献的是知识（培养教导干部）；在老板退休后，贡献的是智慧（不在一线，但还能出出主意，指点一些关键问题）；在老板死后，还能贡献的就是精神（留给企业的是一种精神和价值观）。

晚年的松下幸之助在对自己一生的经验教训进行整理时，道出了令亿万人为之倾倒叹服的一系列经营秘诀，为人们打开了一道通往经营成功的大门。尤其是“自来水哲学”，被松下幸之助看作经营的根本理念，并以此作为他的自传书名。

“自来水哲学”，是松下幸之助对企业使命的一个形象比喻。对于这一使命，最简单的表述就是消除世界贫困，使人类走向繁荣和富裕。松下幸之助说：“经营的最终目的不是利益，而是将寄托在我们肩上的大众的希望通过数字表现出来，完成我们对社会的义务和责任。企业的责任是：把大众需要的东西，变得像自来水一样便宜。”

其实经营就是从“无”当中制造“有”，通过生产活动给所有人类带来富足丰裕的生活。以优良的品质，用消费者能购买的价格，把商品像自来水一样源源不断地为顾客提供出来。使顾客常受益，乃是企业获益的最大源泉。

“自来水哲学”是松下幸之助一生经营活动的总结和写照。他之所以能够在企业经营管理方面取得如此巨大的成功，是他天才般地运用了自己提出的独特经营管理思想。

直到今天，这些秘诀仍在世界范围内发挥着极大的作用，造就出一批又一批成功企业家。

人最终还是需要精神归宿的。尤其是企业家在获得物质财富的巨大满足之后，如何达成生命的平衡，寻求内心的宁静，需要智慧的修炼。这将决定企业家如何对待财富、如何对待社会、如何对待事业、如何对待员工、如何对待亲人等一系列的问题。

综上，我们可以总结出这样一句话：没有智慧的人生，有满足却没有幸福。

进阶：人才培养的“知识地图”

培训要因材施教，不同层级重点不同。企业可以结合自己企业的培训要点，制作出自己企业的“知识地图”，有了“知识地图”，企业培训就可以按图索骥，不再盲目，也不再零敲碎打，而是系统化、规范化地进行。

从下面这幅“知识地图”中可以看到，不同的部门、不同的层级承担的培训重点不一样。通过这幅“知识地图”我们可以清楚地知道，各种工作技能的业务培训应该由直接的业务部门来做，而不是人力资源部，而且在业务方面最好的培训师就是业务部门的主管，作为业务主管要不断地复制技能给自己的员工，并对他们进行训练。人力资源部更多的是做一些基础的通用性培训，真正的技能训练来自于业务部门。

公司高管主导：

总经理训练营、职能经理训练、加速成长计划
（价值观的转变、后备干部培养）

业务部门主导：

技术培训
（技能提高：销售流程、大客户、顾问式、销售漏斗）
素质培训
（形象品位、社交礼仪）
专业培训
（市场调研、竞争策略、广告、促销）

人力资源部主导：

新员工培训
（文化、制度、组织架构、工作流程、基本观念）
老员工培训
（情商、入门管理、团队合作、知识分享）
新经理培训
（角色转换、新经理入职培训、面试技术、辅导技术、业绩评估、目标计划、员工培训、战略规划）
老经理培训
（管理管理者、授权、管理流程、非财务经理的财务管理、领导艺术、非人力资源经理的人力资源管理）
公共培训
（沟通、演讲、谈判、客户服务、质量管理）

有效培训三部曲：

一、通关训练；

二、角色模拟演练；

三、实战辅导。

特别提醒：目前在国内，关于“培训”的理解很模糊，造成了企业在培训方法、讲师选择等方面有很多错误的做法。首先，要区分“演讲”与“训练”的区别。严格意义上，只有带有“训练”等内容的才能称为“培训”；而纯粹的讲授知识、分享经验、阐述观点等只能称为“演讲”。如果大家仔细观察的话，目前国内许多知名的企管培训师的课程是叫“演讲”的；只有带有“训练”的课程才能真正让学员掌握操作技能，达到效果。

所以，培训和训练是两个概念，一定要通过训练才能达到培训的效果，希望大家今后要区分清楚这个概念。

第一步：通关训练。

通关训练是一个新人在企业快速上手、快速入门、快速训练的最有效、最直接、最简单的方法。“通关”实际上是一个检查的方式，人们不会做你希望做的事，但人们会做你要检查的事情。

学习的第一步是“死记硬背”，强制输入。把一个员工应该掌握的基本知识和能力让其先背下来，并逐步熟悉，考核过关后才能正式上岗。

新销售员入职后，主管可以把标准的产品介绍发给他们，然后要求他们背下来、能在别人面前完整地进行介绍并且能回答一些简单的产品问题。前面三天员工集中练习，第三天晚上，进行“通关”考核，由主管把关评分，每个人轮流到主管面前做模拟演示，合格的就可以正式上岗，不合格的直接劝退或者继续培训。

公司有新产品上市的时候，也可以全员组织大考核，通过的人可以下班回家，不能通过的待岗培训甚至下岗。

要想成为熟练员工，不求甚解先背下来，以后需要用的时候就能“脱口而出”，变成“肌肉记忆”。通关训练可以大幅度提高人才培养的效率。

通关演练操作步骤：

1. 听：语气、语调、重点、感觉、语速、微笑

2. 读：通读——抽查——点评

3. 背：熟背——抽查——点评

4. 练习：对练——简单——难度——抽查——点评

5. 通关：过关才合格

6.PK：两组对换角色

7. 强化：1 人对 5 人车轮战

第二步：角色模拟演练。

角色模拟演练就是根据市场的实际情况，模拟真实的市场情境进行训练。让一些有业务经验的老员工把工作当中遇到的问题拿出来进行演练，由老员工扮演客户，对同事进行考验，演练完以后再进行总结。这种演练是日常进行的常规训练，同事之间可以互换角色，可以两个人对练而其他人旁观等，时间上可以长也可以是半个小时小练习等，有很多灵活的方式。

军队的演习是非常典型的模拟训练。部队不是在打仗就是在训练，其中很多都是实战模拟演习，尤其在和平时期，演习是提高部队战斗力、检验部队实力的重要手段。演习也会模拟假想敌进行对抗，而且越逼真、强度越大越好。现代军队的演习强度日趋加大，甚至在演习中也会出现伤亡情况。

企业的员工也一样，不是出去见客户就是在企业内训练，这样出去见客户的时候才能取得更好的效果。“训练场上多流汗，战场上面少流血”，对于员工也是同样的道理，在内部多进行一些高强度的训练，练得狠一点，这样他出去见客户失败率就会低一点。曾经有一些员工这样反映：“在公司里面天天练，被这些老员工折磨得半死不活的，后来发现见客户还真的轻松了。”

所以，他们宁愿出去见客户，也不愿意待在公司。

每次模拟演练后要及时总结。每一个人身上都有很多的工作习惯，其中会有一些不正确的部分，也许他自己都没有意识到，但旁观者如果适时地指出来，他就会更快地改善自己的工作习惯。角色模拟演练是企业最常规的日常训练方式，尤其老员工的提升更要靠这种方法。

第三步：实战辅导。

新人训练的最后一步就是真正的实战阶段了，这就要做实战辅导。实战辅导就是由主管陪同员工拜访客户，这个是员工真正独立的关键跳跃。就像飞行员训练最后一步就是“放单飞”，由教练坐在后座，飞行员全程独立操作。

实战辅导分三轮：

1. 你做给他看；

2. 你们一起做；

3. 他做给你看。

大约每轮做两次，总计六次左右就可以了。

前两次，由主管带领新员工拜访客户，新员工作为助手，主要是观察学习，不要求参与；中间两次，由主管带新员工去，但是新员工是以同事的身份去，可以适当地配合主管；最后两次，身份反过来，由员工做主导，主管以助理的身份去，主要是观察，尽量不参与。

多年前，有一次我带领一位新的咨询销售顾问去拜访客户，是他实战辅导中三轮里的最后一次，我是以他的助理的身份出现。之前谈得都挺好，可是，突然客户问了一个高难度的专业性的问题，一下子把这个咨询销售顾问问住了。不过这个咨询销售顾问反应很快，立刻说："其实您的问题非常简单，连我的助理都知道！"

如此，这个咨询销售顾问把我推到了客户面前，我只好给客户作了非常专业化的解答。最后临走的时候，客户非常佩服地对这位咨询销售顾问说："你们公司实在太厉害了，连一个助理都有这么专业的功底！"

陪同拜访的时候，尽量不要去干涉，好让员工把自己的能力都发挥出来，回去之后再给他总结：哪些地方做得好，哪些做得不好，哪句话怎么讲效果更好，哪个问题应该怎么处理，对方的意思是什么……

经过这样的几次总结，这个人很快就能成为一个高手，因为有人指导，进步是非常快的。

总结一下，企业快速复制人才有一整套简单有效的方法，只要坚持操作，企业一定可以训练出大批优秀的人才。关键是要坚持，而不是一味求新、求快。

没有经过训练的员工是企业最大的成本。

接下来的一节，我们将学习如何培训员工，这部分的内容，可以作为企业员工培训负责人的指导手册来应用。

应用：做好企业的培训工作

×× 公司培训总监的工作职责

×× 公司内部员工的训练系统的建立、操作与管理；

×× 公司的知识管理系统的建立与管理；

×× 公司的增员系统的建立、操作与管理。

×× 公司培训总监的工作内容

根据 ×× 公司员工的具体实际情况，安排每月的 ×× 公司员工的培训计划并执行；

根据 ×× 公司员工晋升计划，安排相关主管以及经理层的培训；

配合总公司的统一计划，安排相关员工参加总部培训或外派培训的相关事宜；

对员工的内部培训学习效果进行评估与改进；

建立并执行 ×× 公司内部培训的考核、奖惩制度；

建立 ×× 公司内部培训的讲师队伍并进行考核、奖惩；

根据 ×× 公司发展需要安排招聘培训的相关事宜；

制作《业务手册》《经理手册》并定期升级版本；

及时总结员工经验教训，累积 ×× 公司的知识，对 ×× 公司的知识系统进行管理；

配合 ×× 公司的其他工作安排。

×× 公司业务顾问提升三阶段

入门阶段：业务操作技能

这是每一个销售顾问都必须掌握的最基本的业务操作的技能，只要熟练掌握了这些技能，就能够达到最基本的工作要求，如果这些技能都没有掌握，就不能成为合格的销售顾问；这些技能也将有效保障公司的整体业务的基本水平。

这一阶段的技能以相对固化、标准化的话术形式体现；背熟并流畅表达出来是最起码的要求。

这一阶段的训练一般在新人入职后两到三个月内安排完成并通过考核。

这一阶段的训练一般以“讲解 + 演练”为主，其中演练占 70%。

以上，目的在于熟练、流畅。

第一单元：业务流程与操作规范

第二单元：电话沟通话术（目的、对象、程序、内容、应答、注意事项）

第三单元：招商会现场沟通话术（目的、对象、程序、内容、应答、注意事项）

第四单元：订货会现场话术（目的、对象、程序、内容、应答、注意事项）

第五单元：拜访话术（目的、对象、程序、内容、应答、注意事项）

第六单元：抗拒解除话术、成交话术（目的、对象、程序、内容、应答、注意事项）

第七单元：产品价值塑造（目的、对象、程序、内容、应答、注意事项）

第八单元：客户开发、客户档案建立与管理（目的、程序、内容、注意事项）

第九单元：时间管理与目标管理（目的、程序、内容、注意事项）

第十单元：服务知识与助理知识（目的、对象、程序、内容、注

意事项）

第十一单元：其他服务系统（目的、对象、程序、内容、注意事项）

短信、贺卡、资料、礼物……

第二阶段：业务精英能力

这是每一个销售顾问成为业务精英必须掌握的通用性业务知识，只要熟练掌握了这些知识，就能够脱颖而出，成为公司里的核心力量。

这一阶段的技能以相对灵活的形式体现；关键是融会贯通、熟练使用。

这一阶段的训练一般在新人入职后两个月至半年间安排完成并通过考核。

这一阶段的训练一般以“讲解 + 演练”为主，其中演练占 30%。

以上，目的在于能活用在工作中。

第一单元：电话行销训练（目的、程序、方法、内容、注意事项）

第二单元：客户开发（目的、程序、方法、内容、注意事项）

第三单元：商务礼仪（目的、程序、方法、内容、注意事项）

第四单元：个人心态调整（目的、程序、方法、内容、注意事项）

第五单元：业务活动准备及业务精英必备素质能力（目的、程序、方法、内容、注意事项）

第六单元：了解客户需求（目的、程序、方法、内容、注意事项）

第七单元：产品介绍技能（目的、程序、方法、内容、注意事项）

第八单元：解除抗拒（目的、程序、方法、内容、注意事项）

第九单元：成交技术训练（目的、程序、方法、内容、注意事项）

第十单元：产品介绍（目的、程序、方法、内容、注意事项）

第十一单元：客户转介绍（目的、程序、方法、内容、注意事项）

第十二单元：客户服务（目的、程序、方法、内容、注意事项）

第十三单元：建立信赖感（目的、程序、方法、内容、注意事项）

第十四单元：竞争对手产品比较（目的、程序、方法、内容、注意事项）

第十五单元：业务沟通能力（目的、程序、方法、内容、注意事项）

第十六单元：个人生涯规划、时间管理与目标管理（目的、程序、方法、内容、注意事项）

第十七单元：会务系统管理（目的、程序、方法、内容、注意事项）

第十八单元：增员管理（目的、程序、方法、内容、注意事项）

第三阶段：行业精英知识

这是每一个业务精英成为行业精英必须掌握的高阶知识，只要熟练掌握了这些知识，就能够超越行业的局限，成为行业里的核心力量。

这一阶段的知识以更深度的形式体现；关键是广泛吸收、点滴累积，全靠自己的用心了。

这一阶段的课程一般在新人入职半年后安排。

这一阶段的课程一般以“讲解”为主，目的在于拓宽知识面、开阔视野。

第一单元：行业发展知识

第二单元：管理理论知识

第三单元：市场策划理论

第四单元：沟通与表达能力

第五单元：团队管理能力

第六单元：行业动态

培训安排计划应包括：时间、地点、主题内容、讲师、参会人员、负责人等相关元素。

×× 公司培训应保持节奏感，注意劳逸结合，可以 ×× 批、×× 层次、×× 时间、×× 地点进行针对性、个性化安排，从而提高培训效率和效果。

建议：

第一阶段的新人培训可以适当加强密度、每周两次，以老带新的方式为主；

第二阶段的提升培训可以保持每周一次，以讲师讲授为主；

第三阶段的提升培训可以保持每两周一次，以讲师讲授为主或外请讲师为主。

每次培训为必修人员和自愿旁听人员；

每次培训都纳入考核指标，或采取学 ×× 制，纳入晋升考核指标；

基础性培训可以培养新讲师讲授；

排课时间可以更灵活。

5 伯乐识马，培养团队领导者

“铁打的营盘流水的兵”，干部培养系统是企业持续发展的命脉，一定要把它变成一个有效运作的系统，变成一项常规性的工作，由上至下，纳入工作流程当中。只有这样，才能保证人才源源不断输出。

人选不对，一切白费

干部不是光靠培养就能出来的，前面的选拔也很关键。人选不对，一切白费。

优秀的明星员工未必能成为优秀的管理者。管理是需要一定特质的，有一些企业直接把业绩好的员工提拔上来当经理，结果搞得一塌糊涂。识人用人是管理者的必备能力；而知人善用，有针对性地管理人才，那更是领袖的核心能力之一。

组织当中，大概有三种人才：专业人才、管理人才、领导人才。这三种人的特质是不同的，我们要学会如何观察和识别这三种特质的人。特质是一个人的天赋，有些人虽然不在管理或者领导的岗位上，但他具备了这些特质，可以往这个方向去培养，有些人虽然身处管理岗位，但却不一定拥有这些天然的优势，未来往这个方向突破的难度就比较大。

人才特质对比表

项目	专业人才	管理人才	领导人才
核心能力	专业操作技能	组织驱动力	带领方向
工作动力	兴趣（喜欢做）	责任（应该做）	愿景（想要做）
焦点	自我中心	他人中心	未来
角色	本色演员	导演	
核心天赋	狂热的专注——发现你喜欢做的事，持续做下去	教练的本能——发现每个人的与众不同之处，并加以利用	情感的共鸣——发现人们的共同点，并加以利用

我们重点对比专业人才和管理人才。

对于一个“专业人才”而言，他的核心能力是专业技能；对于一个“管理人员”来说，他的核心能力是组织驱动力。组织驱动力是指推动他人完成任务的能力。有些人人际关系很好，跟谁关系都不错，是最典型的好好先生，但是他做不了管理人员，管理者不是在做人际关系，而是在做组织驱动。也就是说，你要能让大家动起来，也许员工不喜欢你，但是你能让他按照你的思路去做，这才叫驱动力。否则，只是人际关系好，协调半天却不能达到工作目标，也是没用的。

“专业人才”的工作动力来自于兴趣，或者叫喜好。就是说他做一件事情，喜欢就做，不喜欢就不做。而“管理人才”的工作动力主要来自于责任。对他来说，做不做一件事情，他首先想到的不是自己喜不喜欢，而是应不应该做。有些人你问他要做什么事，他说：“这件事我不喜欢，我不干。”这就是专业人才的特点表现。但管理人才想的则是我应不应该做，如果应该做，不管自己喜不喜欢都会先去做。对他来说，哪怕心中一万个不愿意，但他还是会去做，因为他知道这是责任。

比如：每年除夕夜，我们的国家领导人都会到基层和群众一起过年，难道他们不愿意在家里和家人团聚吗？但是他们知道，他们做事情从来不会考虑说我喜不喜欢，他们想的第一个问题永远是这个时候应不应该去，应该去那就得去。

说话也一样，有些人口无遮拦，想说什么就说什么，我舒服了就好了，才不管你舒不舒服。而有管理意识的人一定是在什么场合说什么样的话，不该讲的就不会讲，要考虑我讲出这句话对方能不能接受，能不能听得进去。比如：管小孩，该批评的时候要批评，该表扬的时候要表扬，甚至有些时候要打一下等等，这就是管理工作，跟喜好无关。可能你爱他，心里一千个不愿意打他，打完他你还心痛，但该打的时候还是要打。因为，做事情要考虑的出发点是应该不应该。

作为一个“专业人才”，往往在工作中是以自我为中心的，做任何事情都是以自我的感受为出发点，他关注的焦点永远都在自己身上，自己喜欢就好，至于其他的没有什么大不了的。但是作为一个优秀的管理者，思考一个问题的时候，一定要以他人为中心，眼里一定要有别人，要考虑别人的感受是怎样的。

其实，专业人才更像一个明星，站在舞台上面的他需要所有的光环，所有的功劳都是他的。而“管理人才”更像导演，心甘情愿地躲在幕后，他愿意让别人闪耀光芒。

因此，专业人才和管理人才的思考方向有很多不一样的地方，理解了这个区分之后，再看你的员工，大概就能看出谁更像一个管理的苗子了。有些人虽然工作能力很厉害，但做事情完全凭自己的喜好，有一搭没一搭的，你就知道他没有办法承担责任，也就不能提拔他。

所以管理的本质就是用别人的能力达成组织的目标、企业的目标。有些人不喜欢指挥别人，更喜欢自己动手，这是专业人才的特点。

一个人能不能做管理，从很多方面都能展现出来。如果你们学会这种观察角度，就可以去观察周围的人，以后看人就会看得很准了。

管理的天赋可以用一个词来描述：“教练的本能”。优秀的管理者通常有一个共同的特点，那就是他最快乐的事情是看下属成长和发挥。如果发现一个员工有很多优势表现不出来，他就会感到非常痛苦；看到一个人才不知道怎么用，他会寝食难安。这就是管理者的特点，是教练的本能。他会不停地想怎么去用这个人，怎么让这个人的才能都发挥出来，不停地想，无私地培养人才。

作为管理者，最需要的就是要像一个教练那样，去习惯挖掘人才，看出别人的优势，为别人的成长而快乐，下属取得成绩的时候比下属还要高兴。

一个优秀的管理者还要接受一个事实，那就是绝大部分员工的能力都不如你，他的专业技能、工作熟练度都不如你，这是一个正常现象。因为你做了这么多年，有很多的工作经验，他可能未来会比你好，但现在肯定不如你。于是，当员工遇到一个问题的时候，总是做不好。你亲自去做5分钟就完成了，而如果要教员工怎么做，也许要为此花上3天的时间。但是，作为管理者应该想到："一旦我自己做了，员工就没有成长的机会了，这就是5分钟和3天的区别。"

为什么大部分运动员只有在退役之后才能成为顶尖教练？很多成功教练本身都曾经是优秀的运动员，但是要成为一名优秀的教练一定是退役之后。因为只有你自己上不了场了，才可能认真地去教别人。抑制住自己上场的冲动，然后用心地去教别人、培养别人。

在公司成立的早期阶段，团队刚刚组建，这个时候老板要冲锋在前。到了具有一定规模之后，团队里面有几十个人了，就需要培养干部了，要开始注意让自己有意识地往后退。当然，要做好榜样，然后要学会带人。很多老板自己做榜样做得很好，但到了第二步跳跃的时候，就不能带出优秀的管理者。

所以，当公司发展到一定阶段的时候，老板必须要去适应这个规律，一定要去耐心地指导员工，哪怕浪费了3天的时间。因为如果不花这3天时间，永远都教不会员工。这就是教练的本能，必须要有足够的耐心、足够的毅力、足够的兴趣去教育别人，培养下属、培养员工。

所以，“教练的本能”告诉我们，企业内部培训，其实就是一个选拔干部的过程，因为通过培训可以了解每个人的管理能力、管理特质。每个人在培训中的表现，其实就是管理能力展现的过程。看看他能不能教会别人，如果教不了别人，永远难成优秀的管理者。

领导代表了未来的方向，而这个方向是大家都能引起共鸣，都一致认同的。因此，领导就是不断给大家指引一个未来的美好前景，并且带领大家去共同奋斗，去实现这份美好的人。这个愿景代表不了多数人，就引发不了共鸣，就得不到支持，就没有号召力，也成不了领导。这种发现和感受大众的情感共同点，并且能表达出来的能力，也是一种天赋，我们叫作“情感的共鸣”。

杰出的领导者团结群众，为一个更美好的未来而奋斗。

这一定义中有个关键词：“更美好的未来”。一名领导者的与众不同之处在于，他最关心的是未来。他的大脑中始终有一幅关于未来的生动图景，而这一图景给予他动力。换言之，驱动他的是这一图景，而不是其他目标，例如击败竞争对手，提高自身效益或帮助别人取得成功。

一名高效率的领导者也可能喜欢竞争，关注绩效和善于当教练，但是这些特征本身并不能使他成为一名领导者。唯有一种能力能使他成为领导者，那就是团结群众为他所预见的美好未来而奋斗。

两百多年前，乔治·华盛顿在写给国会的一篇公文中是这样痴迷地描述未来的：“美国的公民是世界的宠儿，他们是这片辽阔疆土的唯一领主……战争的胜利结束，使他们获得了至高无上的自由和独立。从现在起，他们将成为一个举世瞩目的舞台上的演员，遵循上苍的旨意，上演人间威武雄壮的话剧。”

毛主席在 1930 年 1 月 5 日革命最困难的时候写下《星星之火，可以燎原》：“1927 年革命失败以后，革命的主观力量确实大为削弱了，……‘星星之火，可以燎原’……现在虽只有一点小小的力量，但它的发展会是很快的。……我所说的中国革命高潮快要到来，决不是如有些人所谓‘有到来之可能’那样完全没有行动意义的、可望而不可即的一种空的东西。它是站在海岸遥望海中已经看得见桅杆尖头了的一只航船，它是立于高山之巅远看东方已见光芒四射喷薄欲出的一轮朝日，它是躁动于母腹中的快要成熟了的一个婴儿。”

领导者为未来而着迷。除非你对现状深怀不满，急不可耐地要求变革和进步，不然你就不是一名领导者。“我不满”，这就是一名领导者的标志。一名领导者永远不满足于现状，因为在他的心目中有一个更美好的未来。“现状”与“未来”的摩擦使他激动，使他奋起，推动他前进，这就是领导。

在任何领域都有真正的领导者，他们对一个更加美好的未来充满了激情和信心。

如果一名校长矢志不渝地推动教师们不断创新，来帮助孩子们更好地学习，他就是一名领导者。如果一名商店经理每次与员工开会时，都要表扬前一天为顾客提供优质服务的好人好事，他就是一名领导者。如果一名教练激励球员们超水平发挥，他就是一名领导者。每当有人努力向大家描述一个更美好的未来时，他就在实施领导。

当领导需要什么天赋呢？如果经理的核心才干是本能地帮助别人成功，那么，领导的核心天赋就是乐观与自信。

作为一名领导者，你必须深刻而本能地相信，形势会好转。你要描述一个美好的未来，并不是因为你想充好汉，也不是因为你希望自己能鼓动别人。别人也可能受到鼓动，虽然这对你很重要，但是你并不以此为目的。你这样做，是因为你情不自禁，是因为你心目中的未来栩栩如生，历历在目，难以忘怀。你眼前的一切无论多么激动人心，都无法与美好的未来相比。你别无选择，必须尽你的所能将这一切变为现实。

关于这种“无可救药的乐观”，有一个经典的例子，那就是1940年5月温斯顿·丘吉尔对英国议会的讲演。

> 丘吉尔受命于危难之时，人们期待他率领英国脱险，更有不少人施压，要他与德国议和。波兰、比利时、荷兰、丹麦和法国的相继沦陷使一些人确信德国的闪电战无往不胜。
>
> 他们说，鉴于纳粹击败英国只是时间问题，最好的出路是与德国交易：英国承认德国独霸欧洲，而德国承诺不入侵英伦三岛。然而，如果他们企盼一种理性的绥靖政策，他们就看错人了。丘吉尔是一名非理性的乐观主义者，他有自己的主见：“你们问，我们的政策

是什么？我说，就是在陆地、海洋和空中开战……这就是我们的政策。你们问，我们的目标是什么？我可以用一个词来回答，就是胜利。不惜一切代价的胜利——无论多么恐怖，无论路途多么漫长和艰难，因为不是胜利，就是灭亡。我充满激情和希望地接受我的任务。我深信不疑，我们的事业绝不会失败。”

绥靖或许是理性的政策，但是丘吉尔不这么看。他心目中只有一个未来，那就是纳粹失败，英国胜利。所以，他别无选择。胜利成为他的目标和政策。正是这一对未来的乐观期待压倒了所有其他的担心，占据了他的身心，命令他去行动。

领导者是乐观的，其含义在于，无论什么——他们的心情、别人的雄辩、眼前的困境——都不能动摇他们对形势好转的信心。

管理者与领导者的角色之间存在极大区别。虽然他们各自对于组织的持续成功都是至关重要的，但是他们所关注的焦点是截然不同的。

管理者的出发点是员工个人。他们观察员工的天赋、技能、知识、经验和目标的组合，然后用它们来规划一个具体的未来，使员工能成功，员工的成功就是他们关注的焦点。领导者看问题的角度则与此不同，他们的出发点是自己对未来的想象。他们所讲述、思考、斟酌、设计和完善的，就是一个美好的未来。他们有了这样一个清晰的想象，转而说服其他人，他们能在所描述的未来中取得成功。但是，无论他们做什么，未来始终是他们所关注的焦点。

当然，你可以扮演两种角色，但是必须知道什么时候“换挡”。当你想实施管理时，就从员工个人开始。当你想实施领导时，就从对未来的想象开始。

领导人才：发现人们的共同点，描绘一个未来。

管理人才：看到每个人的不同并加以发挥。

专业人才：找到自己喜欢的事情持续做下去。

企业的发展命脉，人才是关键

“铁打的营盘流水的兵”，干部培养系统是企业持续发展的命脉，一定要把它变成一个有效运作的系统。有些企业家经常抱怨，没有干部可用，特别是当重要的骨干流失的时候，他们立刻发现无人可用。这些都是平时不注意干部及时培养的后果。有些企业对于培养干部总说很重要，可是领导想起来的时候就抓一下，事情一多就忘了，经常搞成三分钟热度，运动式突击。这样的方式并不利于干部的成长，也不利于在企业内形成良性的干部培养体制。希望企业把干部的培养变成一套自动化的系统，变成一项常规性的工作，由上至下，纳入工作流程当中，只有这样，才能保证人才源源不断地输出。

在企业内部把“人才培养”列为与“业绩成果”同等重要的考察指标，每次工作总结述职的时候，除了汇报工作成果，还要汇报人才培养成果，并提出后备人选的名单。这样，从上到下每个层级的管理者都能时刻关注人才培养的问题。

干部的培养方式与员工的培养方式有一些不同，干部的培养过程相对比较长一些，方式更多样化，难度也更大一些。

第一步：梳理组织架构，规划成长路径。

为什么干部难以成长，忠诚度不够？其中一个重要的原因是看不到出路。一些企业没有明确的成长计划，员工进来时不知道应该怎么发展，以为位置已经满了；干部看不到未来，认为已经封顶。一些干部在同一岗位上工作了十来年，当然不能适应企业新的发展要求。梳理组织架构，其实是建立企业人才系统的第一步，把需求搞清楚，自然就知道差距。

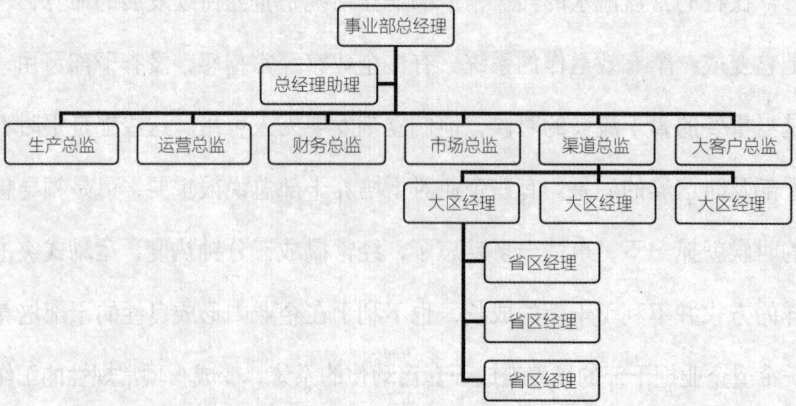

某企业事业部组织架构图

“差距 = 需求 – 现状”。

兵马未动，粮草先行。组织架构的梳理，要基于战略的考虑，根据未来三年甚至五年的业务需求来进行规划。一个项目能否做，前提是有没有合适的人选、班子搭得好不好。

1. 你希望你的企业三年后做成什么规模，有哪些业务单元构成？

2. 这些业务单元分别需要哪些人员？

3. 目前公司的现有人员可以满足哪些需求？

4. 余下空缺人员计划从何而来？

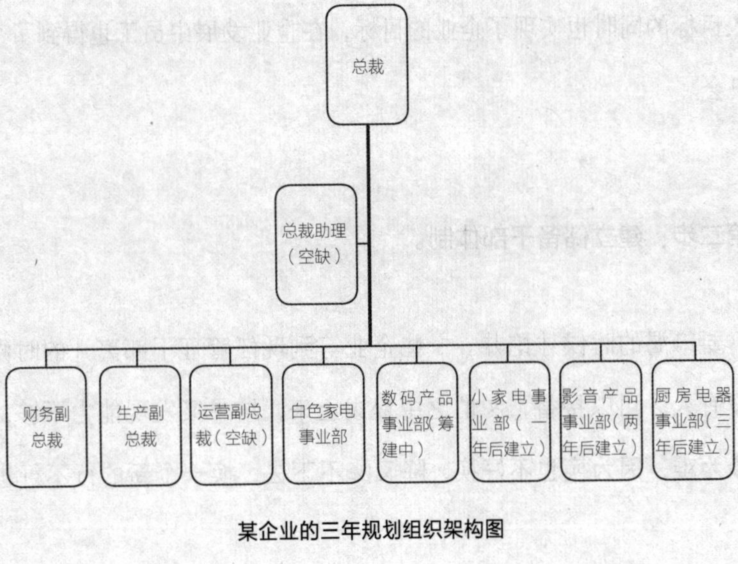

某企业的三年规划组织架构图

一些企业家定战略的时候雄心壮志，要实现多少多少业绩目标……可是他们却很少考虑要实现这个目标需要多少的人才支持？如果没有这个基础支撑，任何目标都是空想。当你把企业的战略分解为一个明确的组织系统的时候，你对于企业未来的人才需求就会逐渐清晰起来。虽然现在还没有这些人，但已经可以开始着手布局，未雨绸缪。架构梳理后，一方面把现有人才填进去，找到需求清单；另一方面，就可以规划出企业内的员工成长规划了。成长规划是一个人在组织内的成长指南针，通过规划可以知道如何一步一个台阶去攀登，自己就有了明确的奋斗方向。

通过规划图，把员工的个人发展与企业的目标进行紧密捆绑，在员工实现个人目标的同时也实现了企业的目标，在企业发展中员工也得到了个人的成长机会。

第二步：建立储备干部体制。

不要口渴的时候才挖井。一些企业等到现任管理干部离开的时候，才发现没有人才可以接替，匆忙之中提拔上来，结果又发现能力不够，这个时候最为难，因为换也不好换，降又降不下去，换一个新的行不行也没有把握。

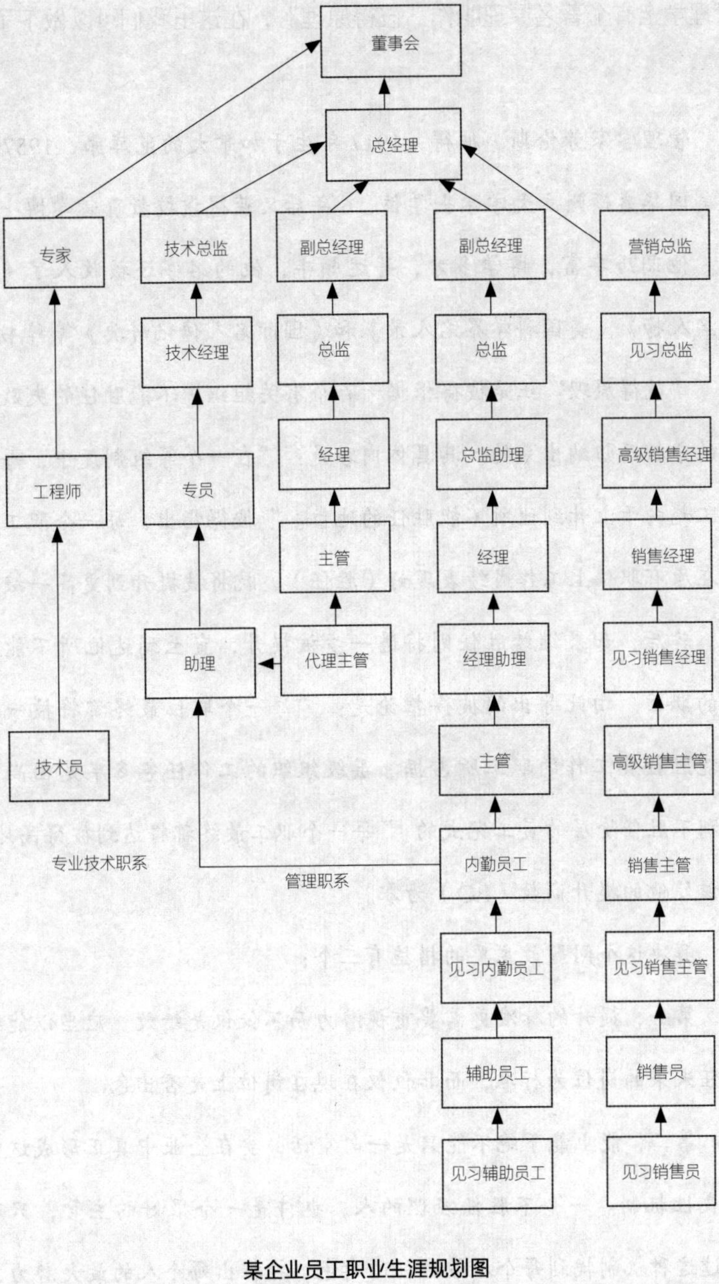

某企业员工职业生涯规划图

管理学上有个著名原理叫作“彼得原理”，在这里我们可以做下了解。

管理学家劳伦斯·彼得，1917 年生于加拿大的范库弗，1957 年获美国华盛顿州立大学学士学位，6 年后又获得该校教育哲学博士学位。他阅历丰富，博学多才，著述颇丰，他的名字还被收入了《美国名人榜》《美国科学界名人录》和《国际名人传记辞典》等辞书。

“彼得原理”正是彼得根据千百个有关组织中不能胜任的失败实例的分析而归纳出来的。其具体内容是：“在一个等级制度中，每个职工趋向于上升到他所不能胜任的地位。”彼得指出，每一个职工由于在原有职位上工作成绩表现好（胜任），就将被提升到更高一级职位；其后，如果继续胜任则将进一步被提升，直至到达他所不能胜任的职位。由此导出的彼得推论是：“每一个职位最终都将被一个不能胜任其工作的职工所占据。层级组织的工作任务多半是由尚未达到不胜任阶层的员工完成的。”每一个职工最终都将达到彼得高地，在该处他的提升商数（PQ）为零。

解决这个问题最主要的措施有三个：

第一，提升的标准更需要重视潜力而不仅仅是绩效。应当以能否胜任未来的岗位为标准，而非仅仅在现在岗位上是否出色。

第二，能上能下绝不能只是一句空话，要在企业中真正形成这样的良性机制。一个不胜任经理的人，也许是一个很好的主管，只有通过这种机制找到每个人最胜任的角色，挖掘出每个人的最大潜力，企业才能“人尽其才”。

第三，为了慎重地考察一个人能否胜任更高的职位，最好采用临时性和非正式性“提拔”的方法来观察他的能力和表现，以尽量避免降职所带来的负面影响。如设立经理助理的职位，在委员会或项目小组这类组织中赋予更大的职责，特殊情况下先让他担任代理职位，等等。

在企业里面应该要建立一套后备的组织系统，也可以称为“储备干部系统”。在企业中每一个管理岗位都需要指定若干个后备人选，在正式的组织架构之下，还要画出一套虚拟的组织架构。这个“储备干部”并不是独立的专门养一批人，首先，这个“储备干部”是他的目标岗位的直接下级，比如说这个人虽然是“储备总经理”，但是他现在的工作岗位是“总监”或“副总经理”等，是现任总经理直接管理的下级；其次，“储备干部”的薪资和待遇不需要有特殊的区别，按他现任岗位来拿考核和薪酬。

每个“储备干部”岗位最好有两个或以上，这样便于选拔。担任“储备干部”也并不意味着一定会被提升，这是一个考察的过程。在“储备干部”阶段，企业可以对他进行试用，看看能否胜任未来的岗位，万一不合适也没有关系，可以继续“储备”，再考察另一个。所以同一个岗位有几个“储备干部”就比较方便一些，对“储备干部”来说，上与不上都是正常的，避免一些波动。

“储备干部”是一个考察的过程，但考察有很多方式，有测试，有观察，还可以试用。

1. 可以搞“体验”制。这个星期你来当一天“值班经理”，体验一下，而经理在旁边看，让他尝试并感受一下，当经理到底需要做什么，需要承担什么样的责任。同时，通过让他尝试，也可以看看他的能力究竟如何，给他做一个正面的指导和成长。

2. 分担小的管理责任。可以给他一些小的任务授权，分担一些责任，负责某个项目等。让他去做一些部分或者临时的任务，借此可以考验他，看看他到底行不行。

3. “代理经理”模式。当领导不在岗位的时候，比如说出差、学习。这几天就可以让他顶上来代理管理，这也是后备干部系统的一个最重要的作用和价值。企业最好养成一个习惯，当干部不在的时候，一定要指定一个人接手他的工作，这样的话，就可以保证公司内的责任是延续的。否则干部出差了，他的工作就没有人负责了，很多公司之所以有很多管理的漏洞，就是因为没有一个接班、值班的体制。

4. 竞选纲要制。可以组织演讲比赛，让“储备干部”设计和发表自己的“施政纲要”，对于未来的计划，公司的高层根据自己的经验来判断其实施的可行性、有没有新意等，看看干部的全局规划能力。

“储备干部”的意思是给你一个机会，并且给你一个训练的过程，“储备干部”的选拔不能纯粹的论资排辈，也不是一个绝对保证升迁的系统，而是一个相对灵活开放的系统。只有建立了这样一套后备干部系统以后，企业的管理干部培养，才能进入一个常态化的阶段。无论企业规模大小，哪怕只有十几个人也还是要做这个体系，因为这是一个体制，它可以自动运转。建立这样的习惯才是最重要的。

企业每个月都要汇总“储备干部”的名单，每个月都要做“储备干部”培训，每一批新员工一招进来，就要从里面去挑选“储备干部”，按照公司的“储备干部”比例，在每次新招的员工中也按比例筛选“储备干部”，也一样给他们做培训，这样才能保证源源不断地为各个岗位输送人才。

手有余粮，心中不慌。人才是企业的核心资源，作为企业家要不断地去关注每一个员工，企业有哪些人才可以用，要做到心中有数，这是干部培养系统的关键。

第三步：标准化培养。

只有标准化，才能批量化。干部培养的前提是有一个标准的“管理模板”，而这个模板首先来自于企业家自身。每一个企业都有自己的管理模式，这种模式最早是由创业者建立起来的，这是一种企业的“基因”，因此，企业家要学会总结自己的一套行之有效的管理手法，结合科学的管理规律，最后大批量复制。

本书前面谈的“敬业团队十二阶梯”就是一套非常科学实用的管理模板，比如：每个月的绩效谈话流程、每个月的工作总结会议和意见征询会议、员工工作计划、干部工作计划、培训计划、培训流程等，还有招聘流程、职业规划等，都可以成为企业管理的“标准化动作”。在进行“储备干部”训练的时候，训练的内容都是有一定的标准的。课程的编排也是标准化的，每一个管理动作都可以把它做成模板，这是管理干部的基础，有了这些他就能成为一个优秀的管理者。且不断总结企业中优秀管理者的成功经验，不断优化、固化，相信企业会拥有一套自己的管理模板。

管理是一种传承，换句话说，你的下属的管理手法都是从你的身上学到的，所以干部是带出来的。

第四步：定期评估，优胜劣汰。

干部是用出来的，你要用他，给他机会展示，他才能真正地发挥作用。一些管理者不敢放手用人，担心不合适，总觉得这个人有很多不足。其实，无论有没有非常满意的人员，当企业内有空缺的时候，要大胆把人放上去用，不试一下永远都不知道适合与否。否则，因为没有人适合，然后领导把所有工作全部自己揽下来，搞得自己很辛苦，人才还出不来。管理实践的科学，也许刚开始的时候新干部不是很熟悉，但是慢慢地就会熟练了。

企业应该定期对“储备干部”的表现进行评价，持续追踪，建立每个人的档案，当发现合适的人才的时候，要大胆提拔使用，不能胜任的要及时调整。“储备干部”系统一定要是灵活开放的平台，他可以让优秀人才脱颖而出。

在培养人才方面，GE（通用电气）就是一个很好的例子。

GE（通用电气）为期两年的管理培训项目是GE领导力培训中的重要组成部分之一，GE专门招聘各领域优秀的人才参加这些培训项目。6个月或8个月轮一次岗，安排3~4个不同的岗位，包括岗位学习与课堂培训。这不是只待在教室里上课，而是两年内在3~4个不同的岗位上轮换工作，每个岗位轮职半年。这是非常具有“GE特色”的培训方式，几十年来被GE在全球范围内重复使用。

在纽约的克劳顿村，GE为培养最具潜力的高级经理人而开设的“高级管理开发课程（EDC）”、为中层经理开设的“商务管理课程（BMC）”以及为初级管理人员开设的“管理开发课程（MDC）”在这里举行，这是为培养GE最高管理人员开设的发展课程。

此外，令GE人引以自豪的就是GE培养企业领导人的机制。GE也认为，领导人与对领导人的培养是GE成功的重要原因之一。GE的机制培养了无数优秀的人才，以至于GE发展人才与培养接班人计划的做法早在20世纪50年代就被写进了教科书。

位于美国纽约的克劳顿村领导发展学院是造就全球优秀经理人的大本营。GE前任CEO拉尔夫·科迪纳1956年在全球企业界率先建造了它，而杰克·韦尔奇则“重造”了它，将克劳顿村的作用发挥得淋漓尽致，成为培养GE高级领导人的基地，成为GE向全球优秀高级经理人员传授变革思维与管理理念的最重要的阵地。杰克在自传里说：“克劳顿村成了我们最重要的工厂。”整个GE，就是一个巨大的“人才制造工厂”！

为了培养GE的未来领导人，杰克·韦尔奇每次都亲力亲为。据统计，杰克·韦尔奇担任CEO的20年间，克劳顿村共举办过280

次此类课程，而杰克·韦尔奇几乎每次都参加授课。只有一次例外，那次他刚刚做完心脏搭桥手术，还住在医院。那是杰克·韦尔奇20年间错过的唯一一次授课。而且，在杰克·韦尔奇参加的279次授课过程中，他每次都要讲2~6个小时，教授领导能力。杰克·韦尔奇与GE人都相信，领导人授课是教授领导能力的最好方式。

克劳顿村的“村长”、GE全球副总裁科卡伦认为，GE培养企业家的制度比企业家精神更为重要。杰克·韦尔奇的成功、众多高级经理人的成功，乃至GE的成功，都归结于GE管理培训制度的成功。科卡伦认为，企业家可能有非常好的想法，但他可能缺乏职业经理人必须具备的专业知识与资源，如财务管理、人力资源管理等，最后也会导致他们不会把技术与想法付诸规模化的扩张，成功地开拓市场。

办大事者必须把经营“人”作为自己的第一要务。

曾国藩曾特别提出：“办大事者，以多选替手为第一义。”可见，不论是曾国藩还是韦尔奇，作为办大事者，他们总是把“用人”和“理事”作为自己的两项基本职能，而在履行这两项基本职能的过程中，他们总是把“用人”、经营“人”作为第一要务。他们深刻地认识到，办大事不可能靠一个人单打独斗，只有把“人”经营好，善用天下人的心智和能力，才能成就一番大事业。

相比较之下，我们的一些管理者在这方面有比较大的差距，在对自己所承担的职能的理解上，他们往往重视“理事”的职能，而不重视“用人”的职能，有的甚至是“见事不见人”“见钱不见人”。管理者不妨反思一下，自己究竟有多少热情、多少时间、多少精力花费在对“人”的经营上？学习曾国藩、韦尔奇培养人才的经验，我们还可以得到一点重要的启示。在企业，总经理和各单位负责人同样承担着培养人才的最主要责任，人力资源部门只是发挥着辅助性作用。

有的企业负责人，把培养人才的责任看成是人力资源部的事，既不以身作则发挥示范作用，也不督促各直线主管当好教练，这样做是不妥的。企业的总经理及其所属各部门、各单位的负责人，均应在适当的时候提出继任者计划，及早考虑接班人的选择及培养问题，这样才能保证新老交替时平稳过渡，而不至于临时被动。有些人担心培养了接班人会动摇自己的位置，有这种心理是不奇怪的，假如建立一种新体制，把培养出合格的继任者作为称职和升迁的必备条件，那时情况也许就不同了。

得人才者方可争天下！

吸引人才九要素：一个人才不放过

人才永远是一个组织最宝贵的资源和财富。很多管理者常犯的错误就是，只注重吸引新人，而忽略了老员工，最后发现，当老员工留不住的时候，新人也同样吸引不了。就如同爱情，要保持吸引力，否则，时间长了，没有了吸引力，最终就会分开。

而在今天，中国企业在人才问题上面临的挑战越发严峻起来，究其原因，主要有三大因素：

第一，人才的自由流动性。

在今天这样一个高度自由、全球化流动的时代，人才拥有更多的选择权。由于高铁等交通工具的发展，人们不再被空间约束，人才的流动性大大加强，而且是全球化的流动。这种方便的大范围的流动，对企业来说和过去很不一样。

第二，中国劳动力人口的减少。

中国正在面临严重的老龄化问题，中国的出生率一直在低水平状态，结果是年轻劳动力越来越少。过去是企业挑人，现在是人在挑企业，企业将越来越处于被动状态。

第三，人力成本越来越高。

经济越发达的社会，人越值钱。随着中国经济的发展，人的价值将越来越高，反映到企业层面，那就是人力成本以及附加的人力费用也会越来越高。工资只是表象，除了工资以外，企业还要负担各种福利社保等费用，而且带薪假期、孕产假的增加，其实都变相增加了企业的用人成本。

今天的企业，想要拥有人才，需要做更多的事情。过去，吸引人才可能主要在于招聘的阶段。现在，吸引人才要成为长期的主题，贯穿整个团队的管理过程。

那么，如何吸引人才呢？在这里，我们可以采用一个“人才吸引矩阵”来系统地进行规划和操作。

人们在选择一个工作的时候，往往需要考虑很多因素，也同样会问很多的问题，所以，我们在设计“人才吸引矩阵系统”的时候，也同样需要做好准备——那就是对这些大家普遍关心的问题，通过我们的操作，让大家得到清晰的答案。这样一来，大家自然就会选择留在企业，为企业的发展贡献一分力量。

首先，最核心的是三个问题：

1. 我为什么要来这里工作？

2. 我在这里工作，最后会得到什么样的结果？

3. 我如何才能得到我想要的结果？

这三个问题中的每一个问题，我们都分别从三个角度和层面来回应，这样就构成了一套吸引人才的矩阵系统：

人才吸引矩阵

为什么要来	行业—公司—岗位
能得到什么	前途—成长—收入
如何能得到	梦想—规划—榜样

针对这一系统，接下来我们就要分九个方面来一一细化。

第一，强化行业吸引力。

俗话说“男怕入错行，女怕嫁错郎”，对于职业选择来说，首要的问题是选择行业。但是，通常很多员工，尤其是新人，一方面不了解行业，很多选择往往是误打误撞；另一方面是抱着不切实际的幻想，工作一段时间后发现不是自己想象的样子，又想选择新的行业。如此一来，对企业与个人都造成了巨大的浪费。

所以，企业要全面地让员工了解所在的行业，关键是要让员工对本行业建立巨大的信心，下定决心扎根于这个行业。这样，他才会心态稳定，全力以赴，即使遇到困难，也不会轻易放弃。

要建立行业吸引力，可以从两个方面着手：

1. 从行业优秀员工处调查反馈并总结。可以问问企业里的优秀员工，当初选择这个行业的原因是什么？以及现在认为本行业的优势是什么？可能每个人的答案不一样，但是，找到共性点，总结出 5 条甚至 8 条以上大家都比较认同的行业优势，做成企业的标准模型（如：“选择本行业的 8 大优势”等），以后所有的管理人员都重复宣导，让大家逐渐建立起对行业的信心。

我曾为一家女装企业做顾问，其中有一项调研就是：员工们选择女装行业的原因是什么？一般外行人会认为，女孩子喜欢漂亮衣服，做女装可以走在时尚前沿；而企业的领导人则认为，是因为女装行业机会多，门槛低；但是我们实际调查了优秀员工，得到最多的答案是：为了创业开服装店！

这个答案其实并不意外，因为很多女孩都有个“小店梦”，而服装店是她们觉得最容易创业的生意，她们选择这个行业大多是抱着学习的心态，希望学习服装店的经营，以后回家乡开个自己的服装店。所以，对她们来说，选择女装行业的一个优势点就是：便于女生创业！通过这个调查不难发现，管理者、外行人与实际的从业者很多观念是不一样的，所以，无论什么时候都不要想当然，只有认真调研，才能抓准关键因素。

2. 学会讲“行业传奇故事”。每一个行业，往往都有一些传奇故事，或者一些传奇人物，这些故事或人物会吸引很多人才投身本行业。企业可以整理总结几个典型的故事，经常讲一讲，大家都会讲，也很有效果。

第二，找到企业优势点。

进入行业之后，该选择什么样的企业呢？每个行业里面都有成千上万的企业，该如何选择呢？多数有能力的人会倾向选择知名的大企业，而中小企业又常常觉得难以吸引人才。

其实，萝卜青菜各有所爱，关键是要找到自己的特色，并且展示出来，这也是帮助人才做出更佳选择。所以说，不一定大企业知名企业才好，适合、匹配自己的才是关键。

一个企业的发展阶段不一样，它对人才的需求也是不一样的。比如说，一个企业的起步期，最需要的是什么样的人呢？是帅才、将才。因为企业正在野蛮生长，它有的是机会，所以它需要的是能独当一面的帅才、将才。起步期完成之后企业会进入一个成长期，在快速成长的阶段，它需要什么样的人？它需要优秀的人，特别是中层管理干部。到了成熟期的企业，已经有了一定的规模，进入行业平均利润期了，这样成熟的企业需要什么样的人呢？需要普通的员工，能够照章执行就好了。所以即使是新创业的企业，管理者也可以告诉员工：在这里你会有快速发展的机会。

还有人觉得企业规模小是不是不如大企业有吸引力？其实，小企业也有自己的优势，对员工的成长锻炼机会很多。大企业都是分工非常细致的，一个人在一个岗位上往往只能接触到一个非常窄的领域，而在小企业，往往一人身兼数职，工作的范围非常宽，比较容易培养自身的综合能力。在大企业的品牌广告人员，他可能只负责广告传播中电视广告部分中的卫视频道的投放，对于其他的媒体与传播完全都接触不到；而一个小企业的广告负责人可能会接触到所有的媒体，从电视到平面到网络媒体等。

此外，小企业的成长机会很多，大企业可能你需要十几年的奋斗才能做到总监的级别，但是在小企业可能只需要三五年就能做到。所以，即使是小企业，你依然可以自豪地告诉员工：在我们这里，培养的是总经理式的全能人才。对于一些不甘平凡、不追求安全感的有志向的人才，会更有吸引力。

第三，塑造职业价值点。

每一个人其实都希望自己所从事的工作，能够给自己带来自豪感和荣誉感。所以管理者也要有意识地塑造职业的特殊价值。

很多从事销售工作的人，通常会有一种自卑感，觉得做销售低人一等，在外面跑业务要低三下四求人。甚至有些销售人员都不敢跟家人、同学说自己是做销售的。

针对这种情况，我经常跟销售团队的人沟通几个观念：

1. 销售是一个企业的命脉，销售是企业里最有价值、最高收入的人，销售人员是企业的英雄。

2. 销售是最容易成为企业家的岗位，世界500强企业的CEO，其中80%都出自销售部门，而创业成功的企业家，绝大部分也是做销售出身的。所以，做销售会锻炼自己的管理能力和创业能力。

3. 销售是人生必需的一项关键能力，因为销售是交换行为，同样的产品能换回多大的价值，是由销售能力决定的。所以，销售能力越强，人生获得的价值越高。如果有人怀才不遇，本质上是销售能力不行，不会把自己的能力变现。

4. 会销售的人生活更幸福，销售本质上是沟通能力的锻炼，而一个人的成功15%是专业能力，85%是人际能力，人际能力依靠的就是沟通能力。会沟通，就能跟身边的人和谐相处。

5. 销售人员是学习力最强的，因为做销售需要跟不同的人打交道，跟不同的人交朋友，所以知识就会更庞杂，上知天文下知地理，各种知识都能涉及，时间长了，就会拥有丰富的知识……

其实，行业无贵贱，重点是你怎么来给这个行业定位。所以，各位管理者，你有一套让你的团队成员对自己的职业充满自豪感的系统吗？

第四，描绘事业前途。

很多新人，虽然对于行业或者企业有信心，但是，对于自己究竟在企业做到最后会有什么结果，依然充满了疑虑：虽然行业很好，可是到底能得到什么结果呢？这个结果是我想要的吗？此时管理者需要再进一步解除员工的顾虑，帮助员工看到一个清晰的未来。

这里的关键点是，这个前途一定是非常具体、可以感知到的。

我在从事咨询行业的工作时，很多员工会问我，做咨询行业到底怎么样？我就会告诉他：也许20年后，当你成为一个咨询公司的合伙人时，你可能每年有2/3以上的时间都在出差，几乎每隔两天就会飞一次，你可能对飞机场比你家里还熟悉，在外面出入五星级酒店，参加各种商务会议，每天都跟不同的企业家打交道，会经常在不同的会议上演讲，每天都在开各种会议，每天要写大量的文字，你可以买得起高档的公寓，每年可以全家出国旅游，你的车是奔驰、宝马……

在我的细致描述下，很多人对自己的职业前景有了具体的感知，更加坚定了自己的选择，也有了清晰的目标。我现在经常见到很多十几年前带过的同事，如今非常成功，在行业里也打拼出了自己的天地。在一起叙旧的时候，他们常常会聊到刚入行时我跟他们说的那些话。他们说："容易老师，我今天的生活就是你十几年前告诉我的，正是你当年的那一番话，让我坚定信心在行业里奋斗到今天，非常感谢您！"

所以，身为管理者，我们有责任让员工清晰地看到自己的事业前途，这样就会坚定他们的奋斗决心，就会心无旁骛地聚焦在工作事业上。

第五，提供成长机会。

有了美好的前途，人们还会担心一个问题：我能做到吗？我们大都明白一个道理：结果和能力是成正比的。在普通人看来，那些成功人士往往都是身怀绝技、能力超群的人，再一对比自身能力，经常会产生自卑感，觉得目标可望而不可即。所以，管理者还要结合工作需求，告诉员工未来在企业里将会获得怎样的成长培养系统，这些系统会带给他怎样的能力和机会，会怎样帮助他成功。

这里分两个部分：

1. 培训体系。企业或者团队领导要制定一整套完整的培训系统，让员工清晰地看到自己在不同的阶段，会接受哪些培训，会增加哪些能力。这样，他就会对自身成长有一个十分明晰的规划，自然会充满信心。

2. 晋升体系。企业还要制定公平、公正、公开的人才选拔与晋升机制，让每一个有能力的人都有机会凭借自己的奋斗获得成功。过去经常讲“美国梦”，所谓“美国梦”其实就是无数平凡、没有背景的人，在美国通过个人的奋斗，白手起家，从而改变命运，获得成功的故事。这些故事吸引了大批优秀人才来到美国，也激励了大量的青年为了梦想奋斗。“美国梦”背后的核心就是公平、开放、透明的机制，机会面前人人平等。当下我们也提出了“中国梦”，其背后也是要构建公平、公正的机制，让更多人通过奋斗来改变自己的命运。所以，你的企业也要有自己的“中国梦”。

第六，算好收入空间。

梦想、前途、成长都是比较抽象的概念，如果想落实，最直观的办法就是转化成为金钱收入。毕竟人们生活在现实世界，尤其是员工，必须要有持续的收入保障才能维持生活。所以，最直接有效的吸引点当然是经济收入，管理者要学会算好收入账。

管理者可以结合企业的薪酬晋升制度，跟员工讲解沟通，让他明白，他成长到了不同的阶段，做出不同的成绩，会有怎样的收入水平，越清晰越好。

当然，这里算收入并不是一种承诺，说未来一定能得到，而是告诉他这种可能性，前提还是要他做出相应的成绩。

这里还有一种情况，有些企业实行薪酬保密政策。这就要管理者自己把握好尺度。

关于薪酬是否保密，我认为，对于比较易于衡量工作成果的工作，透明化、公平化的薪酬政策更有利于激发团队的战斗力，每一个人都能去衡量自己的工作成果，知道自己的工作会带来什么样的回报，有利于员工的自我管理和自我驱动。

另外，关于上级薪酬高于下级，要不要公开的问题，也有很多争议。很多人担心如果员工知道自己的上级收入远远高于自己，会不会心理不平衡，消极怠工？这里的关键点在于上级管理人员的成长提拔方式。如果主管是空降来的，或者是领导层选择和提拔上去的，确实会有这种现象；如果主管人员是通过公平、公开的能力绩效提拔上去，团队成员都是主管亲自培养出来的，就不会有问题。

总之，亲兄弟明算账，让人才看到清晰而有吸引力的收入空间，会有利于吸引人才。

第七，了解对方梦想。

每个人都希望自己能拥有好的生活好的工作，希望自己能做出成绩赚钱，但为什么赚钱，赚了钱要干什么，就不能一概而论了，因为每个人背后的动力才是深层次的驱动因素。作为管理者，应该深入了解每一个团队成员的梦想，甚至把每个成员的梦想都记录下来，经常提醒自己，作为主管，我们要帮助员工实现梦想。

在这一环节，管理者可以带领员工做一个自己的“梦想板”，就是将员工的梦想一条一条地写出来，最好可以找到相应的图片贴出来，让梦想具体化、图像化，这样可以帮助员工清晰自己的梦想，找到自己的动力之源。

第八，规划发展路径。

梦想如果没有楼梯，就注定是空中楼阁，是空想。所以，在梦想与现实之间，管理者要搭建一个阶梯，让员工能够一步一步实现自己的梦想。

前途是光明的，道路是曲折的。在成长的道路上，注定不可能一帆风顺，尤其是当目标特别远大的时候，会让人觉得可望而不可即。所以，规划发展路径，就是要帮助员工设计实现梦想的阶梯，告诉他们在不同的阶段，有不同的目标，只有一步一个台阶才能实现最终的梦想。

员工往往不太了解成长与发展的道路，很难自我规划，所以这个部分更多地要依靠管理者帮助他们进行规划设计，这也是管理者的重要职责。

第九，树立成功榜样。

最后，榜样的力量是无穷的。再好的规划，人们依然会怀疑是否真正可行？如果企业里有人做到过，大家就会充满信心：别人能做到，我也能做到！

企业在选择榜样时，要注意选择多样性的榜样人物。例如，有大学毕业生，也有低学历员工；有别的企业空降过来的优秀人才，也有曾经的失败者……成功案例的多样化，能带动人们去参考和自己情况相似的人，不同的榜样就会吸引不同类型的人才。

另外，企业还可以将这些榜样的故事整理成为标准化的材料，比如新闻报道、专题纪录片、故事手册、教材课件等等，这样有利于传播，也避免误传。这里就要求管理者人人都能讲几个榜样的成长故事，针对不同类型的人才，讲相应的榜样故事，更能打动人。

综上，“人才吸引矩阵”要做成一个企业的人才吸引系统，这套系统要求每一个管理者都要熟练掌握，并且能随时随地用来与员工沟通。如果企业的管理者都能熟练运用的话，那么这个企业对人才的吸引力将会大大增强。

6 新合伙时代：企业文化成就核心竞争力

决策分析是培养接班人最核心、最关键的地方。企业的领导者要不断地去做这个工作。时间一长，核心人员的决策能力就会和领导层越来越接近。决策是价值观的体现，所以保证决策正确的前提是，领导者自己的价值观要足够清晰统一。

四个关键点，厘清企业文化

在教科书中，对企业文化是这样定义的：企业文化，或称组织文化（Corporate Culture或Organizational Culture），是一个组织由其价值观、信念、仪式、符号、处事方式等组成的其特有的文化形象。

企业文化是企业为解决生存和发展的问题而树立形成的，被组织人员认为有效而共享，并共同遵循的基本信念和认知。企业文化集中体现了一个企业经营管理的核心主张，以及由此产生的组织行为。企业文化就是企业成员共同的价值观念和行为规范。通俗地讲，就是每一位员工都明白怎样做是对企业有利的，而且都自觉自愿地这样做，久而久之便形成了一种习惯；再经过一定时间的积淀，习惯成了自然，成了人们头脑里一种牢固的“观念”，而这种“观念”一旦形成，又会反作用于（约束）大家的行为，逐渐以规章制度、道德公允的形式成为众人的“行为规范”。

企业文化是个流行的词汇，现在的很多管理者把企业文化搞得很复杂、很神秘，或者搞成个“垃圾篓”，凡是企业遇到了管理问题，统统归到“企业文化”。

本章重点从管理实操的角度谈一些简单有效的建立企业文化的方法和关键点。每一个人的行为都是企业文化的体现，一个组织的文化就是领导者的文化的放大。企业文化有四个关键点：文字、语言、习俗、故事。

一、文字是文化的基础。

文化的基础构成来自于文字。所以，企业领导要通过写文章、写一些书面材料来承载自己的文化，因为最有效的固化和沉淀文化的方式就是把它变成文字。

华为的总裁任正非就经常写文章，《华为的冬天》《让听得到炮声的人来决策》等等，其实背后就是管理理念的沉淀和整合。这是企业文化建立的第一步，因为写的过程就是你在重新整理和反思的一个过程。我在刚刚创业的时候写过一篇文章《创业唯艰》，很多的理念会在里面表达出来，此后一直成为这个企业的文化根基。

中华民族之所以能够形成统一的文化系统，其中一个重要原因是秦始皇统一了文字。虽然我们中国各个地方讲话可能互相都听不懂，湖南人、陕西人、浙江人、福建人、四川人、广东人等等凑在一起讲方言，可能谁都听不懂别人在讲什么，但是，大家用的文字是一样的，这是最奇妙的地方。文字都一样，虽然发音不同，但有了文字我们就可以成为一个整体，可以沟通。

二、语言是文化传播的载体。

部队里面有一个比较鲜明的特点，那就是要求所有人一定要讲普通话。这就是为了打破小集体的概念，用普通话来统一大家。中华人民共和国成立以后推广普通话，大家都讲普通话便于沟通交流。同样，企业里面语言是很重要的。文字有沉淀的作用，但语言则具有很强的传播力。

语言的集中体现就是语录。一个优秀的企业家，要想建立传播企业文化，就要总结一些自己的语录，也就是老板经常挂在嘴边的一些话。

中国最主流的文化是儒家文化。儒家文化最经典的是《论语》，《论语》其实也就是孔子的语录。“温故而知新”“有朋自远方来，不亦乐乎”，全出自《论语》。它不是一篇完整的文章，就是一段一段的语录。中国的语言文字特色决定了，传播语录是一个有效的方法。

企业家可以有意识地把一些词语挂在嘴边，比如说“只要思想不滑坡，方法总比困难多！”“没有任何借口”等。当固化以后，时间长了，就形成了个人的独特风格，进而成为企业文化的一部分。

三、习俗是文化的固化和集中展示。

中华民族是祖先崇拜的民族，中国人的习俗其实都跟祖先有关，和家庭血缘有关。比如说中国人都喜欢团圆，一过春节大家拼命地往家里赶，这就是习俗。中国的传统文化沉淀到今天，春节全家团圆，清明节祭祖扫墓，八月十五团圆，重阳节拜先人，就这几个重要的习俗、仪式，每年固定做一次。

宗教都有仪式，僧人必须要剃度，每天要敲钟、念经，要通过一些仪式来沉淀和固化。基督教徒受洗礼、做礼拜，都是用习俗来固化它的文化。在中国，为什么儒家、道家最后没有发展成一个严格意义上强大的宗教信仰？因为它们没有演化出强制的很多规则、仪式，就没有办法烙印成模式。

在一个企业里面，企业文化中有一些东西要固化成习俗、传统。比如说有的公司有给员工过生日的习惯，那就要把它变成一个固化的流程仪式。有些公司有开年终会的习惯，还有成长会，这都是一种习俗。要养成习惯，定期做，慢慢习俗就出来了。

年终尾牙宴，这个是从台湾地区流传过来的，一个典型的公司尾牙，一般有如下步骤：表彰先进、领导讲话、抽奖、吃饭、员工表演节目。在一些企业，尾牙宴最有趣的地方还是才艺秀——不但平时沉默寡言的员工都能秀秀演艺才华，就连领导也不在乎出一次丑，玩玩角色扮演。

传统的东西，可以让你记住公司的文化。像一些企业就有历史博物馆，每隔一段时间大家就会去参观，怀念一下当初创业人艰苦奋斗的历程。

四、故事是企业文化最好的表达。

要真正让一个人理解一个文化，就要靠故事了，文化最后流传下来的全都是故事。

都说中国人讲义气，用的什么故事？首先是关羽，关云长千里走单骑，桃园三结义的结拜兄弟感情。中国人很独特，只有中国人有兄弟情谊，男人间的这种情感是中国人特有的。外国人其实并不理解这种情感，最典型的就是当年吴宇森拍了一个电影叫《英雄本色》，周润发演的小马哥，讲义气的经典作品，可是到了美国，把它划入到了同性恋影片。外国人理解的两个男人之间的情感，那不叫同性恋还是什么？但我们中国人可以理解。

我们讲“自古忠孝不能两全”，这个时候就要讲“岳飞精忠报国”的故事；讲“近朱者赤”的重要性，要说“孟母三迁”的故事；中国人最内核的文化就是孝道，讲孝顺有“二十四孝”的故事，一直讲到今天。

整个中华文化到最后沉淀下来，“四大名著”里面全都是故事。中国人的管理体制、管理系统，如果你真的想用文化来理解，就去看“四大名著”，你能从里面看到中国人的管理组织结构和管理思维模式。

这就是中国人的文化、中国人的组织结构，要想更深入地理解中国人的管理和中国人的文化，就要多研究一下历史故事。

中国人的管理是良知系统，就是中国人干事情都是凭良心、讲感情、由心而动、从心出发。他喜欢你的时候，为你肝脑涂地在所不辞。但他不喜欢你的时候，威武不能屈、贫贱不能淫。所以中国人做事靠的是良知系统，且是由心来驱动的。把心管好，思想管好，你就能做好管理。

西方人的管理是契约系统，就是全部讲规则、讲合同、讲约定。我答应了、我们谈好了就按这个走，不管我喜欢还是不喜欢。不管结果好还是不好，我们按契约系统走，这就是最大的区别。西方人签完合同，然后涨价或者出现意外了，但他们吃亏了也就认了，反正签了字，我就按照这个合同来办事，亏了就亏了。中国人是哪怕签完了，哪天涨价了，也可能会说，你看我给你做这笔生意做得好亏，我不干了。这就是文化、思维的差别。

在管理中国人的时候，大家一定要理解，现在的中国企业，我们用西方的制度化管理在做外壳，但很多时候要用东方的文化来融合与调和这种“西式管理”。

只凭良知系统做不成大企业，因为它的精确性不够、精确度不够、纪律性不够。只有契约系统，它没有办法形成凝聚力，没有办法从心里去激发员工。这就是中国和西方在文化方面的一些差异。

企业故事传播五大类别：行业故事、企业故事、产品故事、领导人故事、自己的故事。

企业想要吸引人才的话，首先要讲的第一类故事就是行业故事，你的行业要能把优秀人才吸引进来。

人们在选择事业的时候都是先选行业的。每一个热门的行业背后，都有一系列传奇的故事来做支撑。例如十多年前的网络行业，就讲雅虎的故事，一个大学生业余时间只要做个网站就赚钱，就成首富了。非常有传奇色彩，成功太简单了，不需要奋斗、不需要慢慢熬，所以吸引了大批优秀的年轻人进入这个行业。

有些行业没有故事，也就吸引不了人才，而一些夕阳产业，负面的故事讲多了，也就没有人敢再进入这个行业了，所以行业故事也要看你怎么去传递。

第二类是企业故事。你的企业传奇在哪里？就要找一些故事。每个成功企业都有自己的传奇故事，这个企业当初是如何做起来的。前几年一部热播的电视剧《大宅门》就把老字号药铺的传奇故事传播开来；当年海尔因为质量问题砸毁了76台质量不合格的电冰箱，这件事经过传播建立了海尔的高质量好形象。

第三类是产品故事。这个在卖产品的时候相对好用一些。比如石头记这家珠宝企业就很典型。这些年，石头记在各种媒体发布了许多产品故事，其中关于“平安玉佩”这个产品，他们在土豆网上做了宣传：石头记的“平安玉佩”，曾经随登山队胜利登顶过干净、圣洁的珠穆朗玛峰，接受过净化、洗礼，吸纳天地日月之精华，将最真挚的爱与祝福传递给每一个有缘的朋友。大家一听还有这样的事情，于是都去买产品。还有北京一家涂料企业，他们为凸显产品的环保理念做了一系列的事件营销，制作“真人环保日历”，举办“环保涂料服装展”等，从终端活动到行为艺术，围绕产品总有故事不断发生。这样的事件引起了社会反响，达到了良好的传播效应。

第四类是领导人故事。当企业规模还不大的时候，就要去创造领导人的故事。比如：阿里巴巴就经常讲马云艰苦奋斗的故事，这些就是领导人的故事。

第五类就是你自己的故事。比如，你当初为什么进入这个行业，在这个企业你的成长故事，如何实现自己的理想等等。

企业文化就是靠故事来传播的，每个企业都要寻找一些自己的故事，把这些故事整合在一起，它就是一种文化的基础。每一个企业都有自己的故事，这些故事在员工中间一代一代讲述、一代一代传播下去就变成了企业文化。

培养价值观一致的接班人

做管理其实就是做决策，决策背后的依据是价值观。

而真实的价值观就是两难之下的抉择。

如果你被派去协助上级单位核查本系统有关工作，过程中发现你单位有作假的现象，你该如何处理？如果选择维护本单位的利益，则是对组织不够忠诚；如果选择维护调查的真实性，如实上报，虽然说可以回单位后向领导解释、沟通，做好善后，但是你单位领导就在上级单位那坐着呢，你这么说，他会怎么想？

2006年7月，南京的一位老太太将青年彭宇告上法庭，称对方撞倒自己，要求其赔偿十几万元的损失。彭宇则称自己好心帮助那位老太太，将她扶起并送她去医院，没想到却反被诬陷。9月5日，南京市鼓楼区法院对彭宇案做出了一审判决，判决称："彭宇自认，其是第一个下车的人，从常理分析，他与老太太相撞的可能性比较大。"最后，裁定彭宇补偿原告40%的损失，即45876元，10日内给付。

同样是在南京2009年2月22日上午，一名75岁的老汉在南京市下关区三汊河公交站台下车时，在公交车后门处一头栽倒在地，当场爬不起来。当时，跟在身后的乘客都不敢上前救他，老汉大喊："是我自己跌的，你们不用担心。"听了这话，众乘客才上前实施救助。

这就叫两难之下的抉择，这个地方才能真正体现价值观。

有位企业家遇到一个难题：一个公司的销售明星，被举报有贪污问题，按照公司规定就得把他开除。这时这个员工就找到老板，他说："老板，我知道自己做错了，你开除我，我也接受，但现在我手上有一个客户马上就要签单了，这个客户一旦签下来就是100多万的业绩。您看能不能给我一个月的时间，让我把他签下来再离开？"请问，假如你是这个企业的老板，你会怎么办？

在课程当中，这个问题经常会引发学员的激烈讨论，有人主张应该按照公司规定立刻开除，也有人主张先签单，维护公司利益，听起来似乎都很有道理。

其实，面对这种情况，两种主张都是可以接受的。

价值观不是一个面子问题，也不是一个是非对错的简单问题，很多问题上的选择没有绝对的好坏，对企业来说，价值观的关键是“清晰统一”。就是说两种价值观都可以接受，但管理者必须要清晰统一。

如果你支持第一种主张，坚决开除他，以后全体员工就知道了，这个老板管理是很严格遵守公司规则的。最怕的是过一段时间，又出一个事，那个人说我有一个 300 万的单子要签，老板一想 300 万呢，这个忍一下吧。两次的抉择不一样，员工就会模糊，以后也不知道该怎么办。

当然，如果你选择第二种也行，那就是先留下，赚到钱再开掉，那今后员工就会知道，这家公司老板很简单，他是以业绩和结果为导向的，重点是如何为企业创造价值。

所以，你两种都可以选择，但关键是要清晰和统一。这样你的决策才有力量，千万不要模糊。

首先是清晰统一，其次是如果你想管理简单化，想管理越来越轻松，那就要学会“透明”。把你的价值观，你的这种抉择标准固化下来，那就会减少很多麻烦。

一些企业的价格弹性很大，所以每一单生意业务员都跑来问老板：“这个单这么大，我们有战略目的，未来还要合作，这次能不能少一点，给点政策？”这样来来回回不停地谈判，于是老板总是花大量的时间去处理这个事情。

而且这样下去带来的后果就是：离开老板公司转不了。

这时候有一种办法，那就是把它固化下来。比如说就这个价不能动了，往上可以，底价就是这条线，往下别谈了。当你定义清晰以后，就简单多了。因为员工问都不用问了，自己就知道来问你也是不行的，你也就会减少很多在这方面的时间浪费。

当然，也有人说那会不会损失一些生意。其实一开始你感觉可能会损失一些生意，但事实上紧接着你就会发现，当你的员工知道在价格上面没得谈的时候，他一定会想别的办法，会跟客户商量，给客户多一点服务等等，可以把大家的精力引导到别的更有效的地方：如何寻找更优质的客户？如何为客户提供更优质服务？……当你决策清晰了，其实管理就简单了，简单了就可以快速复制。

在生活中，我们会有这样一个发现，当你去一些夫妻开的小餐馆用餐时，基本都可以商量打些折，但如果你去麦当劳就不会。看起来它可能会损失一些生意，但是因为不打折，管理反而更加清晰并且简化，那它就可以复制。因为越是模糊的东西，它越需要人的经验来把握，也就越复杂。

所以麦当劳简单。价格就是这样，谁都动不了，也就不需要找一个懂价格懂成本的人来做管理，这就是简化的力量，只有简化透明才能做大。

一个组织想做大，必须把很多价值观透明化。管理的原则必须简单，很多事情哪里不能动，哪里能动，什么行为可以，什么行为不可以。老板把管理价值观定得越清晰，也就越利于培养干部，而且管理也越轻松。如果大家都知道老板对某件事情的态度很明确，员工就不再需要请示，直接就可以决定和判断。

一些中国的企业家还不太适应这种开放且透明的现代企业的治理方式，总喜欢把管理做得很神秘，权衡和决策全凭自己的经验和感觉，虽然看起来很能满足一种权力统治的快感，但是对于企业的长远发展却是最大的阻碍。

管理就是做决策。这件事情做还是不做，同意还是不同意，批还是不可以批，都是在做抉择。也就是说，一个企业家每天遇到很多管理的事情都是在做抉择。

一些老板不愿意培养接班人，或者对接班人不放心，这是缺乏安全感的表现。那么为什么你没有安全感，不敢放手呢？那是因为你不知道他做的决策和你的是不是一样的，所以你也就不敢授权给他。所以，作为老板，培养接班人的关键是让你的接班人的决策能力和你是一样的，这样你就放心了。

当你能确认接班人的决策与你一致之后，你就愿意授权，因为你知道，他做决策和我一样，问他问我都是一个答案，这就是管理高层要统一观念、统一价值观的原因。

统一价值观最有效的办法是做“决策分析”。身为老板在培养干部的过程当中，你的很多决策，一定要和你核心圈子内的几个人去解析说明：你为什么做了这样的决策？你不一定需要和他们商量，但是你一定要跟你的几个核心成员解析说明，让他们知道你为什么要做这个决定。通过这个过程，让他们来学习你的决策思路和价值观。

决策分析的时间不一定固定，可以是正式的会议，也可以是平时的闲聊，这并没有具体的要求，但一定要去做，要经常做，慢慢地就可以形成一种沟通。

例如，李嘉诚总是带着小儿子李泽楷，16 岁就让他列席董事会议，就是让他来学习自己在董事会上是怎么决策的，让他看这个过程。这样他也就慢慢地被熏陶出来了，拥有了决策的能力、判断的能力。

企业每发生一些重要事情，决策层都应该在一起沟通：这件事我们为什么要做？每个人都有自己认可的原因。大家讲完之后决策者本人再做分析点评。

决策分析就是培养接班人最核心、最关键的地方。老板就要不断地去做这个工作，时间一长你就会发现，你的下属、你的核心人员的决策能力会和你越来越接近。因为决策的背后是价值观，所以前提是你自己的价值观要足够的清晰统一。

传授一些管理技巧，你可以带出优秀的管理干部，但要真正让他具备决策力，一定要给他做决策分析，这样的话就会有一些人，他们的思维和你比较接近，有很多共同语言和相同的思考模式。

韦尔奇对人才的培养理念，最充分地体现在他对接班人的培养上。韦尔奇把选择、培养继任者的工作当作自己职业生涯中最为重要的一项。至少有一年的时间，这是他每天早上思考的第一件事，也是每天晚上占据他整个思维的事情。

按规定，韦尔奇在65岁退休，而在1994年当他58岁离退休还有7年时，他就开始着手继任者的选择培养工作，他对人力资源部高级副总裁比尔·康纳蒂说："你和我将要长期关注的一件事就是为这个职位找到最合适的人选。"他深刻认识到，这个赌注关系的是GE未来5年、10年，甚至20年的新水平。

一开始，他们从员工名册中反复斟酌挑选，共列出了23名候选人，其中有16位是潜力颇大的分散在更广泛领域的候选者。他们为这16位有发展潜力的候选者都一一设计了详细的发展计划。

此后，他们像老鹰一样关注着这些家伙，不停地为他们制造各种考验及锻炼的机会。如对杰夫·伊梅尔特的考验和锻炼，原先是由他负责塑料业务，接着让他投身到电器工业的残酷竞争中，后来又安排他作为主管医疗器械系统的CEO。经过这样一番岗位轮换，他熟悉了通用公司的三大系统，这就为他接替韦尔奇的职务打下了坚实的基础。

为了跟踪候选者的发展情况，通用公司董事会在每年的6月和12月各举行一次对继任者的评估会，韦尔奇本人在每年的2月还要做一次实地的评估。等候选人缩减为3个人时，韦尔奇意识到，这3

个人都很优秀，都有资格接任通用的CEO，但结果只能有1人担任，而另外2位候选者会到其他公司担任CEO，因而他明确告诉3位候选人“要么被提升，要么就走人”，在被提升或走人之前，他们必然承担一个任务，即用6个月的时间训练各自的继任者。由于韦尔奇极度重视，费尽心思，通用终于圆满地实现新老CEO交替的平稳过渡。

所以说，培养接班人是企业家为企业留下的最有价值的礼物。

互联网时代的组织改革方向

当前，人类正在经历着以移动互联网为核心的“第四次工业革命”，这次的重大变革正在深刻地改变着人类社会的方方面面。随着移动互联网的迅速普及，人们的社会组织模式、人际关系连接的方式以及沟通方式都在发生巨大的变化，企业的人才管理方式也在发生着巨大的变革。

很多管理者抱怨，说互联网的到来让管理变得更难，很多传统的管理模式和过去很多行之有效的管理手段都失效了。虽然变革的最终结果谁也无法预测，但我们要清楚一点，历史的趋势是无法改变的，与其抱怨，不如主动学习，拥抱变化，越早适应，越能抢占先机。

互联网的价值意义

1. 个体自由解放。

移动互联网对人类社会组织结构的影响体现在对个体的解放。移动互联网具有去中心化的特质，每一个人、每一个终端都是中心节点。移动互联网的技术结构决定了它内在的精神，是去中心化的，是分布式的，是民主的，是平等的，是互动的，是实现以个人为中心的。

从传统商业以团队为中心到未来以个人为中心，看上去像是一场巨大的进化，其实是一场回归，回归到以人为本的商业本质。

移动互联网正在给传统的企业运营方式带来巨大变革，它正在瓦解传统的组织形式，让企业管理更轻盈、更扁平、更高效。而个体对于组织的依赖正在减少，今天的个体可以不依赖于组织而生存，所以未来很多传统意义上的强关系的组织结构会被瓦解，个体将摆脱组织的束缚而获得自由和解放。

2. 个体生产力提升。

个体为什么能够脱离企业而存在？因为借助于科技的进步，今天个体的生产能力获得了革命性的飞跃，今天，任意一个个体都能成为一个独立的生产单位，实现独立生产创造价值。

例如，过去要开店经营，你需要一批人来配合各个环节，才能让经营运作起来，可是，今天，在网络平台上，一个人就能开一个店并且顺畅运作；随着 3D 打印与供应链的完善，一个人就能生产出一台汽车；今天的直播时代，一个人无须任何人的帮助，就能完成一整套节目的表演以及收费的整个商业闭环。甚至，随着生命科技的进步，如今连生孩子都是可以单方面完成的，未必需要结婚。

可见，我们将赢来一个个体生产者的时代。

组织管理如何进化

个体的自由解放，意味着组织的解构与再造。生产力水平决定了生产关系，如果团队组织方式不能适应这种生产力的进步，最后的结果只能是被时代淘汰。

那么，未来组织管理会如何进化呢？我认为大概会有以下几个方向：

1. 从雇佣制走向合伙制。

传统人才管理主要是雇佣制，资本雇佣劳动者，资本拥有绝对话语权和控制权，等级关系明显。利益分配方面，传统雇佣制更多倾向资本而非员工，员工难以公平享受企业发展成果。

而未来人才管理由雇佣制向合伙制转变。人才的生产能力的解放，使得资本不再是最重要的关键因素，未来更多变为资本与劳动者的平等合作；通过股权激励等方式，从单纯的员工变为股东合伙人，分享资本价值，使员工由“给老板打工”变为“给自己工作”。

因此，现在可以这样说，我们即将迎来的是一个全面合伙人制的时代。

2. 内部市场化或者外包合作化。

传统人才的服务是长期固定服务于一个企业，企业独占人才。但是，未来当人人都是独立的生产单位的时候，个体一方面不愿意被制度化的工作时间约束，另一方面也希望自己的生产力能创造更大的价值。

未来企业选用人才必然由长期拥有向灵活使用转变，建立“不拥有任何人才，但能使用所有人才”的原则，强调开放使用人才，一个人可以独立地服务于多个企业或多个部门。

因此，未来人才的使用将更加灵活、更加独立。而未来的企业，也将是一人身兼数职。所以这就要求企业内部将更加市场化，在企业内部形成市场链，每一个工作环节都可以独立拆分，相当于外包给员工，然后根据工作成果给予报酬。

例如：日本的稻盛和夫发明的“阿米巴”经营方式，将员工按生产线或工序分成不同的小组，每个小组独立“经营”，小组成员的收入和经营的业绩直接挂钩。国内企业，像海尔集团，就是引进的这一模式，其称之为“内部模拟市场”。当然，无论是“阿米巴”还是“内部模拟市场”，其本质都是让员工成为单独的利益体，以市场化的方式进行利益分配。

3. 无边界的资源极大拓展。

内部市场化、外包化后，意味着企业传统的内外部边界被彻底打破，这会让很多习惯于传统管理模式的管理者非常不适应，因为权力被消解，保护墙被拆除。但是，如果换一个角度看，却又意味着企业的资源边界被无限扩展。

互联网时代的到来，意味着资源的连接将变得无限广阔，成本极低，效率超高。如果管理者转变传统的控制模式的思维习惯，企业经营的能量将会获得飞跃。

例如，传统的出租车公司，规模有限，大一点的有几千台汽车，管理支持系统庞大，资产沉重，扩张速度缓慢……而现在最大的出租车公司却不拥有任何一台汽车，也没有任何司机，但是它却在短短几年时间就拥有上千万台出租车的服务能力，彻底超越所有的出租车公司，而且，它依然拥有巨大的扩张潜能，因为理论上所有的汽车和司机都能为它所用。

这是一个无边界企业的时代！打破旧有的保护墙，我们就可以拥有整个世界。

4. 新工具平台的使用。

传统的企业是构建于物理世界的，比如一个企业要有办公场地，要有办公设备等等，人们每天在上班时间聚在一起工作。而未来，企业将构筑于互联网世界中，通过办公软件，人们就可以有效地协同工作，而不再需要聚在一起，不再需要办公室和办公设备，也不再受朝九晚五的工作时间所限制；企业内部的各种管理流程、审批、财务费用、文件传递、会议、客户管理等，都能够在办公软件中完成。

当然，很多管理者依然会抱怨很不适应这样的工作形态。但是，我想说，这是历史趋势，与其对抗，不如及早主动适应。

所以，尽快学会使用新的互联网办公平台，把你的企业迁移到网络上吧，越早越好！

移动互联网时代，本质上是一个个体大解放的时代，是一个真正以人为中心的时代，是真正的“以人为本”的时代，人才的价值在这一背景下将得到更大的凸显。当然，这场革命仍然在进行当中，我们要做的就是与时俱进，不断进化！

后记　管理的真相

管理就是将员工的能力转换成为公司的业绩的过程，这就是管理者的任务。

实际的管理不是高深莫测、战略规划那些玄之又玄的东西。在我看来，真正的管理其实与一般外人眼中的管理是有非常大的差别的。

一、大局观：主动补位，先服从后指挥。

管理者永远要学会站高一层看问题，很多你难以理解的事情如果站在更高的层级换位思考，你就能明白。管理是一个完整的组织系统，也许有很多上级的指令你未必能够理解，那么就先服从，先放下自我。不能当好下属的人是不可能当好领导的。

二、因果观念：管理要身教，你的行为就是下属的模板。

任何的事情都有原因，任何原因都会带来一种结果。管理不是言传，更重要的是身教出来的，即用你的行为进行教育。员工不会看你说了什么，他会看你做了什么。所以请记住，你的行为就是下属的模板。你怎么对待上司的，未来有一天，你的下属会以同样的方式对待你；如果你欺上瞒下，欺骗老板，有一天你的员工也会有样学样；如果你拉帮结派，你的员工同样也会学。到最后，所有的举措会重回到你的身上。

三、管理抓小事，抓好小事无大事。

真正的管理并不宏大、风光无限，而是由一个个很琐碎的，每天每时每刻都在发生的一些杂七杂八的事情构成的。管理的关键在哪里呢？抓好小事情。

纽约曾经是全球社会治安最差的城市，它是怎么改造过来的呢？纽约市政府开始研究，这些事情根源在哪里？结果发现，所有的这些大案件都是从小的案件开始的。那小案件发生最多在哪里？纽约地铁。为什么纽约地铁会有这么多问题呢？因为纽约地铁逃票现象十分严重，所以里面什么人都有。后来纽约市从哪里开始治安整顿？狠抓逃票。就这么一个简单的治安管理动作，让整个纽约的治安焕然一新，现在在全球范围内纽约都是治安非常好的城市。

所有的大恶都是从小恶开始的。所有的坏人都是从小坏事做起来的，大的犯罪都是从偷小钱开始的。所以管理最重要的不是等着管大事，而是抓住小事情。

小不管，则乱大谋。抓好小事无大事。

四、严厉是为了让下属进步。

当你严格管理的时候，很多员工会跟你抱怨，何必这样小题大做呢？是不是拿鸡毛当令箭了？是不是太过分了？其实，严厉的管理是为了让下属进步，为了让他们养成良好的工作习惯。就像部队的连长一样的，每年都在做接新兵的工作，新兵接来之后，严格训练，每天都出早操，连长严格抓好这些小事情，就是做好了伟大的事情。这个团队战斗力就不一样。

五、简单的事情重复做。

管理没有起点，也没有终点。管理就是简单的事情重复做。真正的管理其实是由无数的琐碎的日常片段构成，管理者的工作都是片段化的，三分钟、五分钟一个事情。每天都在处理各种各样的事情，因为所有的事情都会重复发生。所以一个优秀的管理者，就是把这些简单的小事情，重复、重复、再重复。

管理是一门实践的科学，管理有方法但没有捷径。有的人说我怎么样成为一个管理高手，我说方法有，但是不可能很快。它需要修炼，经验是不可能跨越的，需要用时间去累积。态度决定命运，气度决定格局，底蕴的厚度决定事业的高度。

当你下定决心成为一名领导的时候，请你坚定你的信念，不要被身边的流言蜚语所动摇，保持追求成功的热情，为了心中远大的理想而奋斗，不断地接受磨砺和考验，加油!

带团队就这么容易：全新升级第 2 版

策　　划｜汇智博达 HUIZHIBODA
出　　品｜

出 品 人｜刘志则
监　　制｜庞　涓　曾荣东
营销推广｜周莹莹

产品经理｜许　峥
封面创意｜崔　欣
内版设计｜苏洪涛

图书在版编目（CIP）数据

带团队就这么容易 ：全新升级第2版 / 容易著. -- 北京 ：台海出版社，2018.6（2023.6重印）
ISBN 978-7-5168-1907-4

Ⅰ. ①带… Ⅱ. ①容… Ⅲ. ①企业管理－组织管理学 Ⅳ. ①F272.9

中国版本图书馆CIP数据核字（2018）第099809号

带团队就这么容易 ：全新升级第2版

著　　者：容　易

出 版 人：蔡　旭　　封面设计：崔　欣
责任编辑：王　艳

出版发行：台海出版社
地　　址：北京市东城区景山东街20号　　邮政编码：100009
电　　话：010-64041652（发行，邮购）
传　　真：010-84045799（总编室）
网　　址：www.taimeng.org.cn/thcbs/default.htm
E-mail：thcbs@126.com

经　　销：全国各地新华书店
印　　刷：艺堂印刷（天津）有限公司
本书如有破损、缺页、装订错误，请与本社联系调换

开　　本：710毫米×1000毫米　　1/16
字　　数：212千字　　印　　张：18
版　　次：2018年6月第2版　　印　　次：2023年6月第3次印刷
书　　号：ISBN 978-7-5168-1907-4

定　　价：48.00元